Für Telse,
die Kennerin Alt-Kiels,
und für Johanna,
die Künstlerin am Computer

Hilde Kähler-Timm

Lene Woldsen

Ein Leben in bewegten Zeiten zwischen Husum, Kiel, Flensburg und Friedrichstadt

Mit zahlreichen unveröffentlichten Briefen aus dem alten Kiel

Husum

Umschlagabbildung: Heinrich Jacob Aldenrath, Lene Woldsen, 1809

Bibliografische Information der Deutschen Nationalbibliothek
Die Deutsche Nationalbibliothek verzeichnet diese Publikation in der Deutschen Nationalbibliografie; detaillierte bibliografische Daten sind im Internet über http://dnb.dnb.de abrufbar.

Das Buch wurde gefördert durch die Gesellschaft für Kieler Stadtgeschichte.

Gesamtherstellung: Husum Druck- und Verlagsgesellschaft
www.verlagsgruppe.de

ISBN: 978-3-96717-143-3

Das Seidenmäppchen

Bei Recherchen für eine Arbeit über die Freundschaft zwischen Theodor Storm in Husum und seinem Lieblingsvetter Fritz Stuhr in Friedrichstadt[1] tauchte vor einigen Jahren ein Konvolut von alten, bisher unbekannten Briefen aus Privatbesitz auf. Sie sind zum größten Teil von Storms Tante Lene, Magdalena Woldsen, verheiratete Stuhr, in ihrer Jungmädchenzeit in den Jahren 1808/09 aus Kiel an ihre gleichnamige Mutter in Husum gerichtet. Drei der Schreiben galten außerdem ihrer Großmutter mütterlicherseits Elsabe Feddersen in der kleinen Nordseestadt, und vier weitere sandte sie ihrem Verlobten Nicolaus Jacob Stuhr nach Flensburg. Die Briefe waren aufbewahrt in einem weißen, dunkelrot umrandeten Seidenmäppchen. Dieses hat Lene – wie sie ihre Briefe unterzeichnete und von allen auch genannt wurde – mit zehn Jahren ihren Großeltern geschenkt, dem bedeutenden Husumer Senator, Reeder und Großkaufmann (er besaß eine Senf-, Öl- und Zuckerfabrik) Friedrich Woldsen und seiner Frau Lucia, geb. Petersen.

Vorn ist die Bespannung der Mappe mit folgender Aufschrift von dem Kind selber kunstvoll bestickt: *Mit der kindlichsten Liebe und Hochachtung überreicht dieses am 50jährigen Hochzeitsfeste ihren Großeltern M: W: 1801 den 26 Febr.* Der innere Deckel ist später mit einem gezeichneten Neujahrsgruß ausgeklebt worden. Die kleine, naive Darstellung zeigt einen verzierten Säulenfuß, darauf ein aufgeschlagenes Buch mit einer Schreibfeder und darunter die Worte: *Meinen theuren Großeltern übergeben von Magdalena Woldsen. Den 1 Januar 1804.*

Die Entstehung der Mappe liegt also zeitlich vor dem Verfassen der darin befindlichen Briefe. Die Großmutter – oder die Mutter – hat diese später hineingelegt, und Lene selber oder ihr Bräutigam haben die an ihn gerichteten Schreiben aus Kiel hinzugefügt, obwohl die Schriftstücke das Format der Mappe übersteigen und daraus hervorragen.

Abb. 1: Das von Lene bestickte Seidenmäppchen, 1801

Was wissen wir über die Schreiberin der Briefe und Gestalterin des Mäppchens? Und was hat sie als Siebzehnjährige nach Kiel geführt, für damalige Verhältnisse weit fort von ihrer Familie? Lenes Nachkommen verdanken wir verschiedene Zeugnisse ihres Lebensweges, die über Generationen in der Familie aufbewahrt wurden. Aufschlussreich sind auch manche brieflichen Äußerungen ihres Neffen Theodor Storm, der durch die Nähe ihrer Wohnorte Husum und Friedrichstadt und die enge Bindung an ihren Sohn Fritz häufig mit seiner Tante zusammenkam. So breitet sich das Bild dieses für die Zeit und den sozialen Stand typischen Frauenschicksals vom Anfang bis über die Mitte des 19. Jahrhunderts hinaus in vielen Facetten vor uns aus. In dieser Schilderung soll aber zunächst von der jugendlichen Lene und ihren Briefen die Rede sein.

Lenes Kindheit und Jugend im Husumer Elternhaus

Lene Woldsen stammte aus der Schicht der führenden Patrizierfamilien in der kleinen Hafenstadt Husum an der Nordsee. Geboren wurde sie am 13. Januar 1791. Ihre Mutter, der sie später so fleißig geschrieben hat, war die Tochter des wohlhabenden Husumer Senators Joachim Feddersen und seiner Frau Elsabe.

Abb. 2: Albert Johannsen, Husum – Stadtansicht von Süden; Kopie nach unbekannter Vorlage; o. J., vor 1807. Die alte Marienkirche, die 1807 abgebrochen wurde, ragt noch über der Stadt empor, so wie Lene es in ihrer Kindheit und Jugend kannte.

Lenes Vater Simon Woldsen wurde in Frankreich zum Großkaufmann ausgebildet. Er hatte von seinem oben erwähnten Vater Friedrich die Zuckerfabrik geerbt und zur Hochzeit mit Magdalena Feddersen das eigens für das junge Paar vor 1770 aus zwei älteren Häusern zusammengefügte und 1788 im Stil des späten Rokoko ausgestattete, mit kostbaren Stuckaturen geschmückte Wohnhaus in der Hohlen Gasse 3 erhalten. Sogar ein Musikzimmer mit entsprechender Stuckdekoration gab es.

Dieses stattliche Haus ist noch heute eine der wichtigsten Storm-Stätten in Husum.[2] Die Lagerhallen der Fabrik befanden sich hinter dem Haus mitten in der Stadt dicht am Hafen. Zwischen den Hallen und dem Haus lag schon zu Lenes Kinderzeiten der Garten mit seiner Lindenlaube, der hölzernen Flora und dem Rokoko-Lusthäuschen, überschattet von einem mächtigen Ahorn. Über diesen Baum äußerte sich eine Generation später wehmütig Theodor Storm – eigentlich Hans Theodor Woldsen Storm –, der vom vierten Lebensjahr an ebenfalls im Großelternhaus in der Hohlen Gasse seine Kindheit und Jugend verbracht hat. Aus seinem politischen Exil im preußischen Heiligenstadt, nach der Einverleibung des Herzogtums Schleswig durch Dänemark, schreibt er in einem Heimwehbrief an seinen Bruder Aemil: *Was gäbe ich drum, auch dann und wann unter dem Schatten des Ahorns sitzen zu können,* [...] *und meine stillen Träume zu spinnen.*[3]

Lene wuchs in einer großen Familie und in einem lebhaften Geschäftshaushalt mit mehreren Geschwistern auf, zudem in der Nähe zweier Großelternpaare. Im Haus in der Hohlen Gasse waren viele Menschen zu beköstigen und teilweise unterzubringen: Außer den Woldsens selbst sind in der dänischen Volkszählung von 1803[4] im Haushalt ein Kindermädchen, ein Handlungsbediensteter und darüber hinaus noch sieben weitere weibliche und männliche Angestellte aufgeführt. Über die ungewöhnlich erscheinenden Husumer Sitten um 1800 bei Mahlzeiten, was den weiblichen Teil der Familie anging, schrieb der Konrektor an der Gelehrtenschule, Georg Friedrich Schumacher, in seinen Erinnerungen: *In Familienkreisen* [...] *saßen die Frauen und Töchter vor Tisch abgesondert, und flüsterten allein, wahrscheinlich nur von Küche und Dienstboten. Die Männer* [...] *gingen auf und ab, und langweilten sich. Bei Tisch führten nur die letzter<e>n die Unterhaltung, die Weiber und Töchter schienen anzunehmen, daß es sich für sie nicht zieme mitzusprechen. Die Bewirthung war immer ausgesucht, und dieß war der einzige Triumph<,> den die Weiber erstrebten.* Noch merkwürdiger ging es bei großen Diners zu: *Nur Herr<e>n wurden gebeten* [...] *und man trat in den Eßsaal. Man setzte sich, und entweder ganz unten am Tisch, oder an einem kleinen Nebentisch im Winkel saß die Frau, mit einer leinenen Schürze gegen alle Anfälle von Saucen und dgl. gedeckt, um aufzuwarten, wobei ihr die Mädchen auf Commando halfen.* [...] *die gesellige Artigkeit forderte, bei jedem Gericht zu bemerken, daß es vortrefflich sei. Dann verneigte sich die Frau, und der Wirth lächelte zufrieden.*[5]

Ganz ähnliche Zustände herrschen in der humorvollen Erzählung *Beim Vetter Christian*, die Storm viele Jahrzehnte später, 1872, niederschrieb.[6] Der noch jugendliche, unverheiratete Christian arbeitet an der Gelehrtenschule als Lehrer für alte Sprachen und hat das hübsche, bescheidene Julchen Hennefeder als Haushälterin angestellt. Mit ihrer tatkräftigen Hilfe kann er ein großes Familienfest geben. Als Vetter Christian aufsteht, um einen Toast auszubringen, vermisst er diejenige, die alles so wunderbar vorbereitet hat. *Aber er stockte plötzlich, als er in diesem Augenblick zum ersten Mal die ganze Tafel überschaute. „Hm!" sagte er. „Wo ist denn Fräulein Julie?" Da scholl aus der untersten Ecke des Zimmers eine helle Stimme: „Hier bin ich, Herr Doctor!" Und als er hinblickte, da saß sie dort am Katzentischchen.*

Zu den Sonn- und Festtagen versammelten sich zahlreiche Verwandte regelmäßig bei der Großmutter mütterlicherseits, der 1801 verwitweten Elsabe Feddersen, zum Kaffee. Es ist diese Großmutter, mit der Lene während ihres Kieler Aufenthaltes korrespondieren wird. Die sonntäglichen Treffen bei den ältesten Familienmitgliedern waren in Husum üblich und wohl für die Jugend eine Art lästige Pflichtveranstaltung.

Abb. 3: Elternhaus in der Hohlen Gasse

Die Familie war besonders für Mädchen ein gleichzeitig einengender und schützender Hort. Doch eines der Übel vergangener Jahrhunderte, der frühe Tod zahlreicher Kinder, wütete auch im Hause Woldsen. Zudem endeten viele der häufigen Schwangerschaften, die die meisten Frauen durchzumachen hatten, wohl auch bei Mutter Woldsen mit Fehl- oder Totgeburten. So schrieb eine englische Bekannte, die bei den Woldsens gelebt hatte, Anfang Januar 1793: *Ich hoffe meine theure Madame Sie sind jetzt von einem neuen Kinde glücklich entbunden* [...]. Von einem solchen Kind, das knapp zwei Jahre jünger als Lene gewesen wäre, ist nichts bekannt. Im Alter am nächsten stand ihr die Schwester Elsabe, geb. 1795, dann folgte die Jüngste, Lucie, geb. 1797. Die vier Söhne, die überhaupt ein frühes Kindesalter erreicht hatten, starben und die kleinen Särge stehen in der Woldsen-Gruft neben acht anderen Kindersärgen aus verwandten Familien.

In *Aus der Jugendzeit* beschwört Theodor Storm ein erschütterndes Erlebnis herauf. Mit seiner inzwischen altgewordenen Großmutter Magdalena Woldsen (der Empfängerin der meisten unserer Briefe) war er nach einer Beerdigung in die Gruft hinabgestiegen, in der sie die schon verfallenen Kindersärge der kleinen Söhne vorfanden. Als sie zusammen den Deckel eines solchen Sarges hoben, fanden sie einen kleinen Schädel über den Knochen eines Ärmchens und Kinderhändchens. Die Großmutter *nickte mit dem Kopfe und sagte dann: „Das ist mein Simon; was für ein lustiger kleiner Junge war er!" Und als ich von ihr fort zu einem anderen Sarge trat, sah ich, wie die Lippen der greisen Mutter sich noch einmal lang und innig auf die Stirn ihres lieben kleinen Jungen preßten.*[7] Lene selbst schreibt als Zwölfjährige in einem Brief an ihre Tante: *Den kleinen Simon solltest Du sehen wie groß und dick er wird beynahe kann er schon laufen.*[8] Den Namen eines anderen kleinen Bruders, Christian, der wie Simon 1807 an einer in Husum grassierenden Kinderkrankheit starb, erwähnt sie 1808 in einem ihrer Kieler Briefe. Christian wurde acht, Simon nur fünf Jahre alt (s. Lenes Brief 8).
Storm hat seine Großmutter sehr geliebt und über sie gesagt: *Ihr frohes und bescheidenes Wesen hatte ein langes Leben mit ihr ausgehalten und tausend glückliche Stunden über meine Jugend gebracht* [...].[9] Ihre Gestalt taucht in einigen seiner Werke auf, am eindrücklichsten in den kleinen Erzählungen *Im Sonnenschein* (1854) und *Im Saal* (1848).[10] Etwas befremdlich wirkt es allerdings, dass der Dichter und seine Frau Constanze – die als seine Kusine dieselbe Großmutter hatte – bei ihrem ersten Sohn Hans zu den Vornamen der Pate stehenden Väter noch den vollen Namen der dritten Patin, der Großmutter, hinzufügten. An seinen Schwiegervater, den Mitpaten Ernst Esmarch, schreibt der frischgebackene Vater: *Mitgevattern sind Großmutter und Vater; heißen soll der Junge Hans (Nennname) Casimir Ernst Magdalene Woldsen Storm.*[11] Und am 15.2.1849 teilt Storm seinem Studienfreund aus Kieler Tagen, Theodor Mommsen, mit: *Vor reichlich acht Tagen ließen wir den Jungen zum Aerger unsrer Mitbürger Hans Magdalene Storm taufen; denn seine Urgroßmutter heißt Magdalene, und daraus ließ sich nicht wohl ein Männername machen.* Mommsens ebenfalls mit Storm befreundeter Bruder Tycho erlaubt sich zur Taufe ein kleines Gelegenheitsgedicht unter dem Titel *Mamsell Lene oder Master Hans.*[12]

Zurück zu Lenes Kindheitsjahren. Den Woldsens blieben also noch die Töchter Lene, Elsabe und Lucie, die spätere Mutter des Dichters. In einem stark patriarchalisch geprägten Zeitalter war der Verlust aller potentiellen Stammhalter, von denen einer das Geschäft hätte fortführen können, ein besonders harter Schlag. Vater Simon Woldsen, der als ein freundlicher, milder Mann überall in Erinnerung geblieben ist, scheint nun seine ganze Liebe den Töchtern geschenkt zu haben. Viele Jahre später, an Weihnachten 1831, schreibt Lene ihrem Sohn:
[...] *von Dir fielen meine Gedanken auf die Meinigen in Husum, wie mein guter Vater noch lebte, und ich mit Dir die Weihnachtsabende dort zubrachte, und er selbst mit seiner Liebe und Freundlichkeit die Geschenke für Groß und Klein besorgte, und froh wie ein Kind mit uns war –.*
In einem anderen Brief heißt es 1830: *mein unvergeßlicher Vater.*[13] Und Storm berichtet, dass ei-

nes Tages seine Mutter Lucie bei der Erinnerung an ihren Vater in der Familienrunde ausgerufen habe: *So wie du hat Keiner mich doch geliebt!*[14]

Trotz der häufigen Trauer der Familie über den Tod der Söhne bzw. Brüder verbrachte Lene eine im Ganzen wohl glückliche Kindheit. Sie scheint schon als kleines Kind eine Frohnatur gewesen zu sein. So schreibt die erwähnte Engländerin in ihrem Brief über die fast Zweijährige: [...] *ich hoffe Magdalena wird zunehmend ein hübsches Mädchen werden, ofte denke ich an Ihr. Grüße dieses kleine muntere Ding, und gib Ihr einen Kuß von mir.* Munterkeit und Lebenslust sprechen auch später aus den Kieler Briefen der jugendlichen Lene. Im großen Kreis der Verwandten in Husum war für sie außer den Großeltern Woldsen im schräg gegenüberliegenden Haus in der Hohlen Gasse die verwitwete Großmutter Feddersen mütterlicherseits besonders wichtig.
Deren stattliches Haus an der Schiffbrücke mit Blick auf den Hafen lag nur ein paar Schritte um die Ecke. Lene mag oft mit der Großmutter Elsabe zum nahen Garten an der Husumer Au gegangen und dort über die mit Muscheln bestreuten Wege zum Gartenhaus spaziert sein, wie es für sich selbst ihr Neffe Theodor Storm in seinen Erinnerungen beschreibt, der in gleicher Weise mit seiner dann uralten Urgroßmutter Elsabe dort ging. In einigen seiner Novellen klingt die Erinnerung an diesen Rokokogarten an, und in einer Strophe des kurzen Gedichtes *Frauenritornelle* erinnert er sich an den Duft altmodischer, längst vergessener Pflanzen:

> *Muskathyazinthen –*
> *Ihr blühtet einst in Urgroßmutters Garten;*
> *Das war ein Platz; weltfern, weit, weit dahinten.*[15]

Abb. 4: *Großmutter Magdalena Woldsen als Braut, Silhouette von unbekannter Hand, 1788 (s. S. 9)*

Während die Musikalität der Woldsens sich besonders zeigte in der Familie von Vater Simons Schwester Lucia, deren Tochter Friederike Scherff Konzertsängerin war und deren Sohn als Komponist Storm-Gedichte vertonte, brachten die Feddersens ebenfalls einen künstlerischen Ton in die Familie. In ihrem Haus befand sich eine wertvolle Kupferstichsammlung und es gab *ein grün lackiertes Klavier, das war damals noch eine große Seltenheit.*[16] Hier konnte Lene sich im Klavierspielen üben und sich in ihrer Kieler Zeit von einem Lehrer in dieser Kunst, für höhere Töchter obligatorisch, weiter ausbilden lassen. Ihr Vater wird nach seinen Lehrjahren in Frankreich kaum versäumt haben, mit seinen Töchtern etwas französisch zu parlieren, der Sprache der vornehmen Welt. Auch Stunden im Französischen erhält Lene später in Kiel.
Die Woldsen-Mädchen sind zu einer Madame Westpfalen – wahrscheinlich: Westphalen – in die Schule gegangen, wie aus einem Jugendbrief Le-

nes hervorgeht. Dort werden sie in Religion, im Rechnen, Lesen, Schreiben und Zeichnen sowie in den Grundzügen der Geschichte und Geographie unterrichtet worden sein. Für die sehr wichtigen Handarbeitskünste gab es eine besondere Nähschule. *Die stille, hingebungsvolle und gänzlich unspektakuläre Arbeit wurde kleinen Mädchen sehr früh, weit vor der Schulzeit, beigebracht und diente neben dem angestrebten Nutzen vor allem auch der Disziplinierung.* [...]. *Wer so früh gelernt hat, eigenen Bewegungs- und Freiheitsdrang an einem Spiel Stricknadeln mit anhängendem Strumpf abzuarbeiten, der hat auch früh das Rebellieren verlernt.*[17]
Großer Wert wurde bei Mädchen wie Jungen auf die Schönschrift gelegt. Es existiert ein Neujahrsbrief von Lene mit formelhaften, aufs Sorgfältigste geschriebenen Wünschen zum Jahreswechsel 1805 an die Großeltern Woldsen von *Ihre Ihnen zärtlichst liebende Magdalena Woldsen.*
Als Älteste in einem Geschäftshaushalt wird Lene wahrscheinlich vom Vater etwas Handlungs- und Buchführung gelernt haben, denn sie ist in ihren mittleren Jahren als früh verwitwete Frau imstande, mit ihrem Sohn zusammen die Fabriken des verstorbenen Mannes erfolgreich weiter zu leiten. Auch ihre Tante Christine, einzige Schwester der Mutter, hatte schon im Haus der Großeltern Feddersen die Rechnungsbücher geführt.[18] Christine Feddersen, die um 1803 im Haushalt des Herrn Peter Bielfeld in Kiel gelebt hat, und an die ein Brief Lenes unter dieser Adresse im Storm-Archiv existiert, hat ihrer Nichte sicher viel von diesem Aufenthalt erzählt. Lene kommt also zur weiteren Erziehung und Ausbildung als Siebzehnjährige in eine größere Stadt, nach dem Denken der damaligen Zeit in erster Linie, um ihre Chancen auf eine vorteilhafte und standesgemäße Eheschließung zu erhöhen.

In ein junges Leben wird von außen eingegriffen

Ohne Wissen des jungen Mädchens sind allerdings hinter ihrem Rücken in dieser Beziehung schon eifrig Pläne erarbeitet worden. Einige Zeit nach der Entdeckung von Lenes Mäppchen fand sich im Privatbesitz ein anderes Briefbündel aus denselben Jahren, das überraschenderweise in enge Verbindung mit Lene und ihrem weiteren Schicksal gebracht werden konnte. Leider fehlt, wie auch bei Lenes Briefen – und überhaupt häufig bei historischen Briefwechseln –, die Antwort der jeweils angeschriebenen Person.

Bei der Verfasserin handelt es sich hier um Frau Anna Stuhr geb. Feddersen aus Flensburg, eine Kusine von Vater Simon Woldsen. Dies geht aus einem Brief vom 14.2.1808 aus den Anreden „Tante Woldsen" und „Vetter Woldsen" hervor und bestätigte sich nach Durchsicht genealogischer Quellen.[19] Simons und Annas Mütter, Lucia und Catharina, waren Schwestern aus der Flensburger Kaufmannsfamilie Petersen. Catharinas Tochter Anna Stuhr (1765–1815), unsere Briefschreiberin, war verheiratet mit dem reichen Flensburger Handelsherrn und Reeder Peter Clausen Stuhr (1759–1820), dessen geschäftliche Verbindungen über Europa hinaus bis in die Karibik (Rumhandel) und nach Nordafrika reichten. Er besaß eine Handelsniederlassung in Talvig in Nordnorwegen, aber auch ganz in der Nähe Austernbänke vor Nordstrand, deren Erzeugnisse per Schiff an den Zarenhof in St. Petersburg geliefert wurden. Der Handel in Flensburg Ende des 18. Jahrhunderts blühte. Die Stadt besaß nach Kopenhagen (315 Schiffe) die zweitgrößte Handelsflotte (244 Schiffe) des Gesamtstaates.[20] An die Stuhrs erinnert in Flensburg der westliche Teil des bekannten Christiansenparks, der ehemalige Stuhrsche Landschaftsgarten auf der Marienhöhe, zu dem auch heute noch die Stuhrsallee hinaufführt. Hier stand eine Windmühle und befindet sich noch das ehemalige Müllerhaus. Dieses wurde von dem in Kopenhagen ausgebildeten Architekten Axel Bundsen in Stuhrs Auftrag im Jahr 1797 zum Landhaus umgebaut, als erstes klassizistisches Gebäude in Flensburg (heute Hospiz). Ebenfalls 1797 in der Anlage begonnen, war Stuhrs Park der erste englische Landschaftspark in den Herzogtümern. Peter Clausen Stuhr hatte seine kaufmännische Ausbildung in England erhalten und war dort mit den modernen, freien Gestaltungsmöglichkeiten der Natur im Gegensatz zu dem bisherigen starren Formenkanon französischer Gärten vertraut geworden.[21]

Abb. 5: Ehemaliges Landhaus der Familie Stuhr in Flensburg (heute Hospiz)

Seine Ehefrau Anna war eine vom Pietismus geprägte, gebildete und durchsetzungsstarke Dame aus der Spitze der Flensburger Gesellschaft, zudem eine schöne Frau, die ein großes Haus leitete und auch eine gute Feder führte. In einem Brief vom 12.6.1808 erwähnt sie gegenüber ihrem Ältesten *meine Schreibseligkeit.* In der Familie ist überliefert, dass sie mit den Dichtern des Hainbundes Heinrich Christian Boie und Johann Heinrich Voß korrespondierte, was nicht unwahrscheinlich ist. Denn Boies Vater war Propst in Flensburg und Voß heiratete dessen Tochter Ernestine, die mit der frommen Anna etwa gleichaltrig war. Es ist auch anzunehmen, dass es Anna Stuhr war, die ihren Mann gebeten hat, den später berühmten Maler Christoffer W. Eckersberg nach dessen eigenem Zeugnis während seiner Ausbildung in Flensburg finanziell mit zu unterstützen und ihm ein Stipendium an der Kopenhagener Akademie zu verschaffen.[22]

Anna Stuhrs Verbindungen waren, ihrer weiblichen Rolle gemäß, vorwiegend persönlicher und gesellschaftlicher Art. Ihr Hauptanliegen bestand darin, als Mutter von ihr verbliebenen acht von dreizehn Kindern (drei überlebten nicht das frühe Kindesalter; 1804 fiel der zweitälteste Sohn Friedrich 18-jährig einem Unfall zum Opfer, wie im selben Jahr, mit nur acht Jahren, die kleine Magdalena), diese restlichen Söhne und Töchter gut zu versorgen und ihnen auch als junge Erwachsene angesehene und materiell gesicherte Stellungen zu verschaffen, zum Beispiel durch Heirat. Am bequemsten war es, wie auch im Adel gebräuchlich, Kinder aus verwandten Häusern miteinander zu vermählen. Hier nun kamen die Woldsens ins Spiel. Man kannte sich, war einander sympathisch, wusste um die Solidität und Rentabilität der Handelshäuser Woldsen in Husum und Stuhr in Flensburg. Für Stuhrs war besonders interessant, dass die Woldsens ohne männliche Nachkommen waren. Das Erbe würde unter nur drei Schwestern verteilt werden, und Lene als die Älteste könnte vielleicht Anspruch auf die größte Mitgift haben. Zudem war dieses Mädchen ansehnlich, gut gewachsen, gesund – was hin und wieder durch Besuche von Mitgliedern der Stuhr-Familie in Husum bestätigt wurde – und verfügte über Frohsinn und Lebenslust. Sie schien eine wirklich gute Partie zu sein.

Das größte Augenmerk legte Mutter Stuhr auf ihren Ältesten, Nicolaus Jacob, geboren am 2. August 1784. Er hatte wie sein Vater in England, wohin er mit 16 Jahren kam, den Kaufmannsberuf erlernt, was aus dem ersten kurzen Brief der Mutter nach London zu erfahren ist. Auch seine Großmutter Catharina Feddersen schreibt dem dann 17-jährigen dorthin.[23] Nach der Ausbildung im Kontor und kurzer Mittätigkeit in der väterlichen Firma wurde er allein auf weite und oft gefährliche Geschäftsreisen quer durch Europa von Alicante über Italien, Triest und Odessa durch das russische Reich bis Archangelsk und Nordnorwegen geschickt und blieb jahrelang nur in schwierig zu haltender, unregelmäßiger postalischer Verbindung mit der Heimat. Die wenigen Briefe, die ihn erreichten, trug er als Kostbarkeit mit sich und hütete sie auch späterhin. Diesem Umstand haben wir es zu verdanken, dass wir seine Tätigkeit und seine Aufenthaltsorte kennen, wohin seine Eltern (nur die Schreiben der Mutter und Großmutter sind aufbewahrt, da die des Vaters wohl rein geschäftlicher Natur waren) postlagernd schrieben. Die Briefe sind hier teilweise sehr verkürzt wiedergegeben oder zusammengefasst, um den Rahmen dieser Arbeit nicht zu sprengen.
Der zweite erhaltene Brief vom 5. Januar 1806 geht nach Livorno, wo der junge Stuhr sich einige Zeit beim dänischen Konsul aufhält. Vorher hat er bei einem Besuch in Rom Freundschaft mit dem dänischen Bildhauer Bertel Thorvaldsen geschlossen und ihm schriftlich einen Auftrag im Namen seiner Eltern für eine weibliche Statue für ihr Landhaus erteilt, wie wir aus einem Schreiben Stuhrs an Thorvaldsen wissen; vielleicht handelt es sich um eine „Psyche", bei der der Name des Bestellers fehlt.[24]
Der Sohn erfährt aus den Mitteilungen der Mutter, dass seine Eltern und sogar seine Großmutter über ihre weitreichenden Beziehungen versucht haben, ihm eine Stelle als dänischer Konsul in Alicante zu verschaffen. Das Vorhaben scheiterte, da ein anderer Bewerber von Graf Schimmelmann, dem Wirtschaftsminister, protegiert wurde. Auch eine weitere Bewerbung um die gleiche Position in Odessa schlug fehl. Von hier aus sollte der Sohn Chancen für den dänischen Handel per Schiff in der Schwarzmeerregion eröffnen. *Nebenbey sey es gesagt*, schreibt ihm seine Mutter, *daß du künftig bey solchen Gesuchen an einen hohen Collegis unterthänig seyn mußt* [...]. Diese Eigenschaft ging dem jungen Mann völlig ab und das war, wie auch seine eher demokratische Gesinnung und sein heftiger Charakter, nicht zuträglich für eine Karriere in einem monarchisch regierten Staat.

Die Eltern suchten in diesen politisch und wirtschaftlich äußerst verworrenen napoleonischen Zeiten einen Ausweg für ihren Jacob. Zunächst galt es, für den jetzt 23-Jährigen in seiner langen Abwesenheit die passende Frau zu finden, ehe er leichtfertig eine Bindung mit einer besitzlosen „Exotin" eingehen würde. Hier musste eingegriffen und gelenkt werden. Lene Woldsen, die gerade 17 Jahre und nach damaligen Begriffen durchaus heiratsfähig geworden war, rückte verstärkt ins Visier. Und so setzte Anna Stuhr sich am 14. Februar 1808 entschlossen an ihr „Schreibbureau" und schrieb an *Madame Simon Woldsen in Husum:*

Von meinem ältesten Sohn Jacob habe ich einige Klipfische aus Finnmarken geschickt erhalten, und dabey den Auftrag, der Tante Woldsen davon eine Probe zu schicken. Ich weiß nicht, ob Sie sie gerne essen, hier macht man in einigen Häusern eine Delicatesse davon. – Auch entledige ich mich gerne des Auftrags, der vielen Empfehlungen, und Grüße, die er mir an Ihrer ganzen Familie aufgetragen, ich hoffe, daß Sie die Güte haben werden, diese an Ort und Stelle zu ertheilen. Mit Sehnsucht sehe ich der Zuhausekunft dieses guten Sohnes entgegen, die in einigen Monaten hoffentlich erfolgen wird, da wahrlich eine Reise in den nördlichen Ländern in dieser Jahreszeit viele Strabatzen <Strapazen> *mit sich bringen muß, die eine feste Gesundheit, und ausdauernde Kraft erfordern. –* [...] *Meine Tine* [Tochter Catharina] *erfuhr durch Ihre Elsabe, daß auch Sie, so wie Vetter Woldsen, etwas gekränkelt hätten, wir nahmen daran den aufrichtigsten Antheil; nach späteren Nachrichten, die wir aus meiner Mutter Hause erfuhren, war es uns sehr angenehm, von Ihrem jezigen Wohlbefinden überzeugt zu werden. – Mein Mann, und alle die Meinigen, schicken Ihnen und Ihren Kindern viele Grüße, und ich rechne mich vorzüglich mit zu denen, die in der Fortdauer Ihrer Freundschaft aufbehalten zu werden wünschen, und nenne mich daher Ihre*

aufrichtige Freundin Anna Stuhr gebohrene Feddersen.

Mit Speck fängt man Mäuse und mit Klippfischen (manchmal) Bräute ... Ob Sohn Jacob wirklich Fischproben an eine angeheiratete Tante zweiten Grades in Husum geschickt haben wollte und ob er der ganzen Familie, die er durch seine Ausbildung und seine Reisen seit Jahren nur sporadisch gesehen haben konnte, so warme Grüße geschickt haben wird, oder ob seine Mutter hier zu den Mitteln der Diplomatie greift, sei dahingestellt. Sie habe einen guten Sohn von fester Gesundheit und ausdauernder Kraft, hebt Anna Stuhr dessen körperliche Vorzüge hervor. Ansonsten ist sie über alle Vorgänge im Hause Woldsen bestens informiert durch den Briefwechsel der 12- und 13-jährigen Töchter Tine Stuhr und Elsabe Woldsen, den sie vielleicht selber angeregt hat, und durch die Kontakte ihrer eigenen Mutter, Simon Woldsens Tante Catharina, nach Husum.
Ein weiterer, sehr ausführlicher Brief, der vor Lenes Aufenthalt in Kiel geschrieben ist, geht am 12.6.1808 an den Sohn in Archangelsk am Rande des Weißen Meeres. Dort, so hatte der junge Mann nach Flensburg melden können, war er nach vielen Gefahren, und ohne jede Verbindung nach Hause, nach einer Strecke von fast 1000 km von Moskau nordostwärts, endlich in der dänischen Handelsstation dieser wirtschaftlichen Metropole Sibiriens angekommen. Die Mutter spricht von *Deinen überstandenen Leiden* und *Deinen Widerwärtigkeiten*, aber andererseits glaubt sie: *Künftige ruhige und glückliche Tage werden für Dich genußreicher, und trübe Stunden* [...] *leichter zu ertragen seyn, weil Du ihre Bekanntschaft schon gemacht hast.* Sie berichtet von der kostspieligen Besatzung der Stadt Flensburg, bei der in der schlimmsten Zeit 48 [!] französische Soldaten mit Offizieren im Haushalt zu *logieren und beköstigen* waren, dazu 12–14 Leute der dänischen Landwehr oben im Landhaus, und die noch immer nicht beendet ist. Auch erzählt sie von den wirtschaftlichen Folgen der napoleonischen Kriege für den Handel: *Daß Vater sehr viel verliert, ist Dir bekannt, mein Lieber!* Und am Schluss heißt es: [...] *in Handlungssachen ist alles still.* In diesen Zeilen kündigt sich schon der spätere dänische Staatsbankrott und der katastrophale Niedergang des Flensburger Handels an.[25]

Abb. 6: Koch, Flensburg, Blick über die Förde vom Ballastberg aus, 1843. Das Bild zeigt oberhalb der Stadtansicht in der rechten Hälfte das ehemalige Landhaus Stuhr, mit rotem Dach. Die Nebengebäude sind teils entfernt worden, teils hinter der Baumgruppe versteckt.

1801 hatten die Briten nach einer Seeschlacht die dänische Flotte vor Kopenhagen teils zerstört, teils geraubt. Anfang September 1807 kehrten sie zurück und verlangten vom neutralen Dänemark eine Koalition gegen Napoleon oder die Herausgabe der wiederaufgebauten Kopenhagener Flotte. Nach der Weigerung der dänischen Regierung in beiden Punkten belagerten und bombardierten die Engländer unter Missachtung des Völkerrechts die Stadt Kopenhagen tagelang, bis die Dänen kapitulierten und ihnen die Schiffe übergeben mussten. Handelsschiffe aus Flensburg, die ja unter dänischer Flagge fuhren, wurden häufig von den Briten in der Nordsee gejagt und gekapert.

Das Projekt Lene Woldsen

Nun gibt es für die Stuhrs noch ein Thema von Wichtigkeit, das natürlich auch mit den wirtschaftlichen Aussichten für den Ältesten zu tun hat: eine günstige Heirat und damit das Vorwärtstreiben des Projekts Lene Woldsen:
Was ich Dir zuerst hätte sagen sollen mein Lieber! – ist, daß in Husum in der Woldsenschen Familie sich alles wohl befindet. – Einige junge Leute von hier, worunter namentlich Mathias Jacobsen, haben sie bey ihrem Vater gesund und wohl in der Thüre sitzen sehn. – Großmutter [die anscheinend zusammen mit Simon Woldsen an dem Heiratsplan mitstrickt] *erhält zuweilen diese*

Nachrichten schriftlich von dem Vater – [...] *ich denke, du hast mich doch verstanden, – welche Sie sich im gesunden und blühenden Zustand befindet?* – Und später wird die Schreiberin noch deutlicher: *Wenn Deine Neigung für die W. nicht blos eine flüchtige Leidenschaft gewesen, wie ich mir fast nicht vorstellen kann, so treibt Dich nur noch eine mächtigere Sehnsucht als Liebe zu Deinen Eltern nach Deiner Heimath und Du wirst Deine Reise gewiß beschleunigen –* [...]. Zugleich warnt die Mutter, die den Namen des jungen Jacobsen wohl nicht zufällig erwähnt hat, dass in Liebesdingen auch Gefahr durch die charmanten französischen Offiziere droht: *Eine Tochter des Kaufmann Mechlenburgs ist mit einem Colonell versprochen, andere waren schon auf dem Wege, – und wer weis wie manche Familie noch künftig diesen Zeitpunkt werde zu beklagen haben, doch ich will keinen traurigen Vorstellungen Raum geben,* [...]. Zum Beispiel nicht der, dass auch in Husum im Woldsenschen Haus französische Einquartierung liegt ... Entgegen der Hoffnung der Mutter, ihr Sohn werde schnell zurückkehren, muss sie den nächsten Brief zwei Monate später am 17.8.1808 immer noch nach Archangelsk schicken. Jacob hat nach Hause gemeldet, dass er ohne gültigen Pass dort festsitzt.

Hoffentlich erleben wir noch die Zeit, schreibt Anna Stuhr, *daß alles wenn auch nicht im vorigen Gleise, doch wenigstens auf einem ebeneren Wege betrieben werden kann, als jezt, wo alles in Verwirrung ist.* Entschlossen, wie sie ist, kommt sie danach schnell und ausführlich wieder zum Thema Lene Woldsen. *Doch wir wollen die Unterhaltungen darüber bis mündlich ersparen und von angenehmen Dingen reden. – Dein Bruder Gerhard* [damals erst 15 Jahre alt] *ist vor einigen Tagen von einer langen Reise, die er in den Ferien nach Friedrichstadt, Tönningen, Husum etc. gemacht, zurückgekommen,* [...] *– seine Nachrichten aus Husum sind diese, daß Lenchen Woldsen viel hübscher geworden ist, nach seinem Urtheil, sie sowohl wie ihre Eltern hatten ihn freundschaftlich aufgenommen, – die obengenannte gefiel ihm sehr, und ich rathe es Dir, freundschaftlich mit Deiner Zuhausereise zu eilen, wenn Du an Deinem Bruder nicht einen Nebenbuhler erhalten willst.*

Was mich indessen tröstet ist, daß er die 2te Tochter Elsabe, die bey ihrem Hierseyn wenig Anlage hatte je zu den hübschen Mädchen gerechnet werden zu können, sich so sehr verändert hatte, daß er sowohl auch sie für ein hübsches Mädchen erkannte. Die Feinheit und Weiße ihrer Haut, wird von ihm mit Enthousiasmus beschrieben, – zu Deinem Troste wirst Du bemerken, daß er nicht ausschließlich für die Älteste eingenommen, obgleich sie sehr den Vorzug bey ihm hat. Doch Scherz bey Seite, nehme ich diese Gelegenheit wahr, Dir etwas zu sagen, was Dir angenehm seyn, und Dich interessieren muß. Lenchen Woldsen ist jezt nach Kiel gereißt, wo sie sich in vierzehn Tagen bey dem Pastor Holst aufhalten wird, um sich da eine Zerstreuung zu machen, deren es in dem stillen Husum so wenige giebt.

Dein Bruder Peter [Peter Feddersen Stuhr, geb.1787, der gerade in Kiel studiert] *wird jezt seinen Wunsch befriedigen können, sie kennen zu lernen, – dieser Wunsch war bei ihm so dringend, daß er von hier aus eine Reise nach Husum machen wollte, um sie kennen zu lernen, dieses Vornehmen wurde durch Umstände aufgehoben, und verhindert. – Morgen werde ich an Peter schreiben, daß er ihr unser aller Grüße persönlich überbringe, – den Deinigen ja nicht zu vergessen, – das Urtheil von Peter werde ich Dir in meinem nächsten Briefe melden, – schon hier glühte er bey den Gedanken, welche Empfindungen es bey ihm erregen würde, ein Mädchen zu sehn, daß er sich in gewissen Beziehungen denken könnte, – ein sehr hohes Interesse hat also diese Bekanntschaft für ihn. –"*

Der Brief schließt mit einem deutlichen Hinweis: [...] *auch ich bin mit Dir einig, daß nur das wahre Glück im häuslichen Kreis blüht, – und Gott gebe, daß Dir für die Zukunft viele dieser Freuden bestimmt seyn mögen. –*

Die Erwähnung von Pastor Holst weist darauf hin, dass er dem Sohn vertraut sein muss. Tatsächlich wurde Gerhard Holst am 1.10.1762 in Flensburg geboren, ist also vom Alter her mit der drei Jahre jüngeren Anna sicher bekannt gewesen. Sein Vater war wie Simon Woldsen ein wohlhabender Zuckerraffinadeur. Holst studierte zusammen mit Heinrich Harries, einer führenden Figur der Aufklärungszeit in Flensburg, Theologie in Kiel und Göttingen. Die Freunde kehrten nach Flensburg zurück und betätigten sich redaktionell und literarisch, wobei Harries als Dichter hervortrat. Holst gab mit Harries und anderen zusammen 1788 mit Erfolg das *Flensburgsche Wochenblatt für Jedermann* heraus und nach dessen frühem Tod die Gedichte seines Freundes Harries in zwei Bänden (Altona 1804). Nach einer Anstellung 1792 nahe Tondern wurde er 1799–1815 Archidiakon, also zweiter Pastor, an der Nikolaikirche zu Kiel. Hier half er beim Aufbau einer Bürgerschule neben der Lateinschule und beim Ausarbeiten einer Schulordnung für diese neue Schulform. Von seiner weiteren Tätigkeit im sozialen Bereich wird später im Zusammenhang mit Professor August Niemann die Rede sein. Es ist anzunehmen, dass der Ratschlag, Lene zur Familie Holst zu geben, von Anna Stuhr stammt.[26]
In obigem Schreiben ist nicht mehr die Rede von „sie" oder „die W.", sondern mit vertrautem Unterton von „Lenchen", als sei die Verhandlung mit deren Vater schon ein Stück weiter gediehen. Für heutige Leserinnen und Leser ist die Art abstoßend, in der Lene Woldsen wie ein Objekt von den jüngeren Stuhr-Brüdern taxiert und das Ergebnis nach Hause gemeldet wird; weitere Beispiele werden folgen. Sehr wichtig ist zunächst das attraktive Aussehen, mit dem eine junge Frau den Anwärter reizt und mit dem man sie gut in der Gesellschaft präsentieren kann.

Abb. 7: Eine Ikone des Empire: Jacques Louis David, Madame Récamier, 1800

Durch die damalige Mode des Empire – etwa 1795–1815 – gaben die Damen viel von ihrem Körper preis: Hals und Dekolleté waren frei bis zum Brustansatz, fast unbedeckt blieben auch die Arme mit ihren kurzen Puffärmeln. Der Busen wurde angehoben, indem die fließenden, weißen Chemisen-Kleider aus Musselin und Batist (diese Gewebe wurden massenweise in den neuen Industriezentren Englands hergestellt) direkt unter der Brust gegürtet oder gerafft waren. Auf Korsetts verzichtete man weitgehend, und die leicht durchsichtigen Kleiderstoffe ließen die Körperformen oft mehr als ahnen. Dazu wurde das Haar mit Löckchen und Zöpfen hochgesteckt, so dass auch ein schöner Nacken bewundert werden konnte. In den absatzlosen Sandalen oder weit ausgeschnittenen Kreuzbandschuhen bewegte man sich ganz natürlich. Lene Woldsens Brustbild (Abb. 17) zeigt einen Teil dieses am Hellenismus orientierten Kleidungsstils.[27]

Ein ebenso wichtiger Aspekt – im Brief davor erwähnt – wie das gute Aussehen ist der *gesunde und blühende Zustand* der Abtaxierten, erhoffter Garant für eine in Zukunft große Kinderschar. Der bedeutendste Punkt aber, die gute Mitgift, wird nicht explizit angesprochen, sondern wohl mündlich oder mit spitzer Feder auf Kontorpapier verhandelt worden sein. Es ist schwer zu glauben, dass Kriterien wie Charakter, Intelligenz, Verhalten, Begabungen und Ähnliches gar nicht erwähnt werden. Stattdessen werden von dem sich noch in der Pubertät befindenden kleinen Bruder Gerhard Stuhr begeistert *die Feinheit und Weiße ihrer Haut* bei Lenes Schwester Elsabe hervorgehoben, einem Kind von 13 Jahren, das verspricht, ebenfalls hübsch zu werden und vielleicht eine Art Reserve für den Jüngeren darstellen könnte. Wenigstens die erst elfjährige Lucie, später verheiratete Storm, die von manchem später als die Schönste betrachtet wurde, wird noch nicht begutachtet. Elsabe war übrigens die einzige der drei Schwestern Woldsen, die unbeirrbar ihre eigene Wahl traf. Als 18-jährige verlobte sie sich mit dem aus Holtenau stammenden Juristen Ernst Esmarch, der in der so genannten *Deutschen* [ab 1815 *Schleswig-Holsteinisch-Lauenburgischen*] *Kanzlei* in Kopenhagen arbeitete. Beide warteten jahrelang, bis sie aufgrund seiner Anstellung als Bürgermeister von Segeberg endlich heiraten konnten. Sie war Theodor Storms heitere Lieblingstante und später geschätzte Schwiegermutter aufgrund seiner Hochzeit mit ihrer Tochter Constanze.

Lene ist also obigem Brief zufolge Mitte August 1808 nach Kiel gebracht worden, in „Panschon", wie man in Husum sagte[28]; standesgemäß von ihren Eltern in der eigenen Kutsche. Im ersten Brief erwähnt Lene den kurzen Aufenthalt der Eltern in Kiel. Sie ist allerdings nicht nur dort, *„um sich da eine Zerstreuung zu machen"*, wie Anna Stuhr es formuliert, sondern um monatelang möglichst viel von dem zu lernen, was eine Dame der Gesellschaft beherrschen muss.
Ehe wir uns nun Lene mit ihren Erlebnissen und Erfahrungen in der derzeitigen Residenzstadt zuwenden, ist noch einer der Flensburger Briefe von hohem Interesse, der zeitlich vor dem ersten von Lene erhaltenen aus Kiel liegt. Sein Inhalt wird entscheidenden Einfluss auf das spätere Schicksal der Hauptfigur nehmen. Darum wird er hier in etwas längerer Form auszugsweise zitiert. Am 28.8.1808 schreibt Anna Stuhr ihrem Ältesten, der endlich in St. Petersburg bei dem dänischen Konsul Meyer angelangt ist, sehr ausgiebig und sehr erregt:

Ich habe Dir mein Bester von Deinem Vater Nachrichten zu melden, die wie wir alle glauben Dir sehr angenehm sein werden. –

Dein Vater hat vorgestern in Friedrichstadt seiner Meinung nach einen sehr vortheilhaften Ankauf gemacht mit einer Oelmühle, die er mit 3 Packhäusern, einem Wohnhause, einer Roßmühle, Garten etc. etc. für 8000 Rth c angekauft hat. Die Veranlaßung zu diesem Handel scheint mir von der Vorsehung vorbereitet, so wie nichts ohne den Willen dieser geschieht, – [...].
Vor 14 Tagen reißte Vater nach Friedrichstadt, Gardingen, Tönningen etc. um die dortigen Oelmühlen zu besehn, und wo möglich einige Kenntniß davon zu erlangen, weil er im Sinn hat in seiner Mühle ein solches Werk einzurichten, da leyder die Kornmühlen jezt alle still stehn, so wie jedes Gewerbe des Kaufmanns, und jede Speculation, – er wählte dazu einen Tag, wo eine große Auction von Kaffee und Zucker in Tönningen war, um auch vielleicht da einen Ankauf von diesen Waaren zu machen, – Letzteres glückte ihm, da er von beyden Artikeln eine ziemliche Parthey erhandelte, – doch Ersteres glückte ihm noch besser, da er außer mehreren Erkundigungen in diesem Fach auch erfuhr, daß dies obengenannte Wesen am 26.8. verkauft werden sollte. Er besah dieses, und hatte von dem Augenblick an die Idee dieses um keinen Preis fahren zu lassen, – er war bey seiner Zuhausekunft so heiter, und sprach mit mir und mit unserer ganzen Familie jeden Tag davon, wie vortheilhaft er diese Besitzung in jetzigen Zeiten halte. Man *hatte ihn versichert, daß in dortiger Gegend durchaus Niemand wäre, der so viel Muth und Unternehmungs Geist hätte, dieses zu kaufen,* [...].
Und nun mein Lieber, gebe ich es Dir zu errathen zu welchem Zweck der gute Vater so viele Eile, und so viele Freude bey dem Gedanken dieses Ankaufs hatte. Er hat, wenn Du mich nicht verrathen willst einen Sohn, der sich Jacob Stuhr nennt, den er recht lieb hat, den er gerne recht gut versorgen möchte, worüber die Mutter, und die Großmutter dieses jungen Mannes sich bey diesen schweren Zeiten oft Sorge gemacht haben, – diesem hat er dieses Wesen bestimmt, wenn er es haben will. Der gute Vater sieht schon im Geist diesen Sohn dorten als einen ebenso bedeutenden Kaufmann wirken, als er hier gewirkt hat, und für die Zukunft noch gerne wieder wirken möchte, wenn die Zeiten erst wieder anders werden.
Vater versichert, daß in der Gegend viele Gelegenheit zu Speditions Geschäften und sonstigen Handlungszweigen ist, die uns hier, und für diesen Augenblick in jeder Art fehlen [...]. *Vater hat schon das ganze Wesen angenommen, und wird einen Oelmüller, mit Leuten, und ein Mädchen in Friedrichstadt annehmen, er wünscht nichts mehr, als daß ein junger Mann zu Hause wäre, dem er dieses établissement überliefern möchte,* [...].
Eine bedeutende Sorge läge nun noch diesem Manne ob, und zwar diese. – Sich eine Hausfrau zu wählen, – diese Mühe muß er selbst über sich nehmen, und wenn diese Wahl vielleicht schon geschehn, so muß er suchen, sein Glück von dieser Seite zu befördern. Ich hoffe und wünsche, daß Du bald zu Hause kommen mögest, – sollte dieses sich verzögern, und Du mir den Auftrag einer Vorbereitung dieser Sache geben willst, so kannst Du Deine Sache in keine bessere Hand, als der einer zärtlichen Mutter legen, – glaubst Du indessen gewiß zu seyn, so kann das Nähere immer bis zu Deiner Zuhausekunft warten. – Dein Vater billigt auch diese Wahl, und wünscht Dir zu dem Ersten und Letzten seinen väterlichen Segen. –
Der gute Vater wundert sich, daß nicht mehrere Väter die Idee von der Zweckmäßigkeit dieser Unternehmung zu jezigen Zeiten gefaßt haben, da hier leider fast alle junge Leute ohne Beschäftigung umhergehn [...], *und am Ende faul und oft auch sittenlose Menschen werden, und obgleich ich dieses von Dir nicht besorgt hätte, so freut es mich doch, daß Du in jezigen Zeiten Deine Kraft anderswo geübt, Erfahrungen mancherley Art gemacht, und Kenntnisse gesammelt, die Dir für die Zukunft nützen können. –*

Ich bin nun mit diesem allem recht gut zufrieden, wenn Du es bist, dies ausgenommen, daß ich Dich nicht in Flensburg etabliert sehn kann, – doch muß ich mich darin fügen, [...]. – Ich sahe Deinen Vater selten in einer solchen Exstase als jezt, da er Dich auf eine für jezige Zeiten sehr vortheilhafte Art versorgt zu sehen glaubt. – Von Vater habe ich Dir noch zu sagen, daß die Packhäuser sehr schön sind, und von Heinrich und Gerhard, daß das Haus recht gut ist, wenn auch die Stuben nur klein sind, so finden sie sie doch recht hübsch. Du mußt eilen zu Hause zu kommen, sonst nimmt Heinrich Dir diese Besitzung weg, und heyrathet in aller Eile [...].
Du wirst in meinem heutigen Briefe ein Gemisch von Scherz und Ernst wahrnehmen, und so ist meine Stimmung auch, – ich freue mich über das Angenehme, die Hoffnung zu haben, Dich gut versorgt zu sehn, und ich bin gerührt und Ernst bey der Wichtigkeit dieser Veränderung, und danke Gott, daß ich diesen für mich so wichtigen Zeitpunkt erleben kann, und hoffentlich in Kurzem erleben werde. –
Wir schicken Dir alle unsere Segen zu Deinen künftigen Unternehmungen, und ich bin früh und spät Deine treue Mutter A. Stuhr.

NS. Noch muß ich Dir sagen, daß Peter einen Besuch bey Lenchen Woldsen gemacht hat in Kiel, sie gefiel ihm sehr, er hatte sich wie er mir schreibt vorher gewaffnet um seine Moralität und Tugend zu schützen, sich nicht zu verlieben, er hatte wenig, und fast nichts mit ihr sprechen können, weil die Redseligkeit der Fr. Pastorin ihn daran verhindert hatte, nächstens würde er wieder da einen Besuch machen, und Deine Grüße überbringen, davon hat er mir noch nichts geschrieben. Peter fand sie sehr schön gewachsen, ein schönes Gesicht, und eine zarte Haut, Gerhard fügt hinzu, Wangen als wenn sie geschminkt wären. – Von der Unterhaltung mit ihr wird mir Peter nächstens Nachricht ertheilen, und ich werde nicht ermangeln Euer Edlen davon Advihs zu geben, – mit dem angehenden Kaufmann muß man wohl in einem Kaufmanns-Styl reden.
Wie oben.

Man sieht, dass das Projekt Lene für die Flensburger durch die Hoffnung auf baldige Nutzung des Friedrichstädter Anwesens immer dringlicher wird und die Mutter den abwesenden Sohn auf alle mögliche Weise unter Druck setzt. Auch das Abschätzen der Auserwählten durch seine Brüder wird auf Wunsch von Mutter Anna fortgesetzt, gleichzeitig ihre Hinweise darauf, dass diese ihm Grundstücke und Frau wegschnappen könnten. Dass die Mutter notfalls selbst die Sache in die Hand nehmen und die Heirat arrangieren wird, ist nach den Gepflogenheiten der Zeit durchaus üblich. Aber solange der vorbestimmte Bräutigam und Großgrundbesitzer in Russland festsitzt, weiß das junge Mädchen selber von nichts. Unbefangen genießt sie ihre Jugend und ihre Zeit in der neuen Umgebung.

Lenes Ankunft in Kiel

Kiel gehörte ab 1773 nach dem Frieden von Zarskoje Selo zwischen Russland und Dänemark ebenso wie fast ganz Schleswig und Holstein zum dänischen Gesamtstaat.[29] Die Stadt bestand laut Volkszählung 1803 aus etwas über 7.000 Einwohnern. Damit war sie etwa doppelt so groß wie Lenes Heimatstadt Husum (ca. 3.650 Einwohner), aber wesentlich kleiner als das gleichfalls dänische Altona, das mit einer Bevölkerung von gut 23.000 die zweitgrößte Stadt im Staate nach Kopenhagen war. Innerhalb der Herzogtümer übertraf auch Flensburg (13.000 Einwohner) Kiel bei weitem an Größe und durch den florierenden Hafen auch an Wirtschaftskraft. Und doch hatte die Stadt Kiel im Lande eine besondere Bedeutung erlangt.

Sie lag gleichsam als zentrales Bindeglied zwischen den östlichen Ufern der beiden Herzogtümer und war von allen Seiten und besonders von den Städten der Ostseeküste her gut zu erreichen. Der Schiffsverkehr ermöglichte auch eine Verkehrsverbindung zur Hauptstadt Kopenhagen. Mit dem 1784 fertiggestellten Schleswig-Holsteinischen Kanal (später: Eiderkanal) gelang es, einen Wasserweg zur Nordsee zu schaffen. Fast gleichzeitig war 1779 eine Poststraße nach Altona entstanden, das in nächster Nähe zur Metropole Hamburg lag. Durch all diese Umstände gewann Kiel, vorher im Schatten der benachbarten, politisch unabhängigen, wirtschaftlich und kulturell übermächtigen Hansestadt Lübeck, eine gewisse Wichtigkeit als See- und Handelsstadt. Während der napoleonischen Zeit konnte es ab 1806 die Kontinentalsperre, unter der Lübeck und Hamburg als Freie Städte zu leiden hatten, als Teil des noch neutralen dänischen Staates für seine wirtschaftlichen Interessen nutzen.

Gleichzeitig mit den ökonomischen Verbesserungen blühten in der Stadt auch Kunst und Kultur auf.[30] Kiel besaß mit der Christian-Albrechts-Universität eine Hochschule, die nach vorübergehendem Niedergang und sehr schwachen Studentenzahlen in eine neue Epoche eintreten sollte und bedeutende Gelehrte anzog. Daneben trafen sich auch der Adel, bürgerliche Gutsbesitzer, Kaufherren und andere sozial herausgehobene und bildungsbewusste Schichten in der Stadt zum geselligen und geistigen Austausch. Die zahlreichen Künstler, die hier tätig waren, hatten in vielen Fällen ihre Ausbildung an der renommierten Akademie in Kopenhagen absolviert, da sie als Landeskinder des Gesamtstaates Anspruch auf Stipendien hatten. In Kiel lebten sie von Porträtaufträgen des Adels auf den umliegenden Gütern, der vielfach Stadthäuser besaß, und des aufsteigenden Bürgertums (wie wir später am Beispiel Lene Woldsens und ihres Verlobten vor

Abb. 8: Ludwig Philipp Strack, Kiel vom Viehburger Gehölz aus gesehen, um 1800

Augen geführt bekommen), oft beschäftigten sie sich auch mit Darstellungen der besonderen Schönheit der lieblichen Fördelandschaft.

Lene Woldsen trifft in einer für Dänemark turbulenten Zeit, nämlich in den Wirren der napoleonischen Ära, in der Stadt Kiel ein. Im März 1808 war König Christian VII. gestorben. Friedrich VI.,

Abb. 9: Wilhelm Heuer, Der Marktplatz in Kiel, vor 1840

der neue König von Dänemark und Norwegen, Herzog von Schleswig und Holstein, der schon jahrelang als Kronprinz die Regierungsgeschäfte für seinen geisteskranken Vater geführt hatte, blieb vorerst noch ungekrönt mit seiner Familie in der Nebenresidenz Kiel. Hierhin hatte er sich mit seinem Hauptquartier vor der ständigen Bedrohung durch die Engländer in Sicherheit gebracht, die, wie oben geschildert, Dänemark mit Gewalt auf ihre Seite gegen Napoleon ziehen wollten.
Durch Anna Stuhrs Erwähnung wissen wir, dass Lene im Sommer des Jahres 1808 zur besten Reisezeit angekommen ist. Sie wurde von ihren Eltern in der eigenen Kutsche, sicher mit einigen Zwischenstationen, hergebracht. Das war auch sehr zu empfehlen, denn damals und auch noch Jahrzehnte später befanden sich die Straßen in den Herzogtümern, sofern überhaupt vorhanden, besonders im Winter oder bei Tau- oder Sturmwetter in geradezu katastrophalem Zustand. Teilweise mussten die Reisenden zu Fuß nebenher gehen oder die Postkutsche anschieben. Die Strecke Husum - Kiel, für die es keine direkte Verbindung gab, wäre in einer unwirtlichen Jaheszeit nur unter Gefahren und hohem, tagelangem Zeitaufwand über weite Umwege zu bewältigen gewesen.[31] Lene lebte nun, bald zusammen mit einem anderen jungen Mädchen, bei dem schon früher vorgestellten 46-jährigen Archidiaconus der St. Nicolaikirche, Gerhard Holst, seiner Frau Anna Maria geb. Rodeberz, 34 Jahre, und dem 15 Jahre alten Sohn Matthias in der Schumacherstraße 81.[32]

Familie Holst hatte es sicher nötig, durch die Aufnahme von Pensionärinnen das schmale Archidiakonen-Gehalt des Vaters aufzubessern. Zwei Dienstmädchen halfen im Haushalt und wohnten mit im Hause. Die Lage dieses Logis mitten in der Altstadt war ideal. Zentraler konnte man in Kiel nicht wohnen. Um die Ecke herum lag der lebhafte Markt mit dem dicken Turm der Nikolaikirche. Allein acht Straßen mündeten auf diesen Platz. Allerdings waren die Kieler Straßen Anfang des 19. Jahrhunderts schmutzig, teilweise ungepflastert oder mit unbehauenen Feldsteinen belegt und die Gehwege von den Hausbesitzern oft mit großen Gegenständen zugestellt. Man goss sein Schmutzwasser in die Rinnsteine. Aber das alles war in Husum nicht anders. Manchmal wurde auch Vieh durch die Straßen getrieben, die so eng waren, dass eine Kutsche sie kaum passieren konnte. In feiner Ausstattung, z. B. für einen Ball, hatte man die Möglichkeit, sich eine *Portechaise* (Sänfte) zu bestellen, deren Träger in einer Marktecke auf Aufträge warteten.
Wenn Lene also in festen Schuhen und mit geschürztem Rock die Schumacherstraße hinunter ging, - wegen der *convenance*, der „Schicklichkeit", natürlich stets in Begleitung -, vorbei am Theater und Ballhaus und durch das Schumachertor am Rande der teils erhaltenen Stadtmauer hindurch, stand sie im lebhaften Treiben des Hafens, wo es keine Tide gab, wie sie es von zu Hause kannte. Promenierte sie gleich hinter der Kirche nach Nordosten in Richtung Dänisches Tor, Universität und Schloss, das zu dieser Zeit tatsächlich eine königliche Familie, wenn auch nur für kurze Zeit, beherbergte (1805–1808), kam der Schlossgarten. Er war noch in der Art französischer Barockgärten angelegt mit gestutzten Hecken und Labyrinthen, Zierbäumchen, ornamentierten Blumenbeeten, statuengeschmückten Terrassen, und besaß eine neugepflanzte Wasserallee zur Förde hin.

Die längeren Spaziergänge führten mit Blick auf das stattliche Ufergebäude der Seeburg, in dem die Gräfin Charlotte Rantzau einen Salon führte, hinein in das Düsternbrooker Gehölz. An diesem Ort hatte gegen Ende des 18. Jahrhunderts der Gartenschöpfer Christian C. L. Hirschfeld eine Obstbaumschule anlegen lassen. Der Staats- und Forstwissenschaftler August Niemann, mit dessen Töchtern Henriette und Wilhelmine Lene sich bald eng befreunden sollte, begründete kurz darauf in Düsternbrook eine Forstlehranstalt. Von Düsternbrook aus boten sich immer wieder wunderschöne Ausblicke auf die liebliche Fördelandschaft, bis der beste Aussichtspunkt erreicht war, später „Bellevue" genannt und mit einer Gastwirtschaft versehen. Zu Lenes Zeit gab es außer dem Hirschfeldschen Wohnhaus, dem gerade fertiggestellten Teepavillon und der Seeburg keine anderen Gebäude in Düsternbrook. Erst als sie Kiel verlassen hatte, entstand 1811 auf einer Anhöhe mitten im Wald versteckt das säulengezierte Wirtshaus „Sanssouci", in dem die Studenten abends und nachts manchmal Kommerse, Bälle und auch wilde Gelage abhielten.[33] So hat Theodor Storm den Ort gekannt, als er sein Jurastudium in Kiel absolvierte; von Ostern 1837 bis Ostern 1838, dann, nach einer Unterbrechung durch anderthalb Jahre an der Berliner Universität, wieder vom Herbst 1839 bis zum Examen im Herbst 1842. In Erinnerung an seine Kieler Zeit, an das Studentenleben und an diese von Geheimnissen umwitterte Stätte schrieb er 1863 im Heiligenstädter Exil die Novelle *Auf der Universität.* Die Hauptfigur Lenore (Lore) Beauregard tanzt sich hier am Ende der Erzählung bei einer Art studentischem Hexensabbat in den Armen des dämonischen Raugrafen die Füße wund und beendet ihr vertanes Leben im düsteren Wasser der Förde.[34] Die Gaststätte brannte 1865 völlig ab. Wo sie gestanden hat, findet man heute auf einer Anhöhe unter einer Doppeleiche einen Stein mit der Inschrift *Theodor Storm. Auf der Universität.*

Um den Kielern Wanderungen und Kutschfahrten in dieses Naherholungsgebiet zu ermöglichen, ließ der König zwischen Schlossallee und Krusenkoppel 1807 eine breite befestigte Allee, den Düsternbrooker Weg, anlegen. Auf dem Gelände oberhalb von Kruses Koppel entstand im nächsten Jahr ein englischer Landschaftspark. Hier errichtete der dänische Architekt Axel Bundsen, der schon elf Jahre vorher das Müllerhaus der Stuhrs in Flensburg zum klassizistischen Landhaus umgebaut hatte, einen Teepavillon in diesem Stil im so genannten Marienhain.[35] Er erstrebte eine Einheit von Gebäude und Natur, um das Landschaftsbild zu bereichern und gleichzeitig der Antikensehnsucht der Zeit mit baulichen Zitaten antiker Vorbilder entgegenzukommen. Die Einweihung fand im August 1808 zu Ehren der Königin Marie statt. Ob Lene sich zu diesem Zeitpunkt schon in Kiel aufhielt und eventuell über dieses Fest berichtete, ist nicht bekannt, da ihre ersten vier Briefe nach Husum, wie sie vermutet, leider verlorengegangen sind (s. Brief 1).

Abb. 10: Stein mit Inschrift

Vom Schloss zum Markt zurück führte die Dänische Straße vorbei an stattlichen Adelshöfen. Geblieben ist nach den Zerstörungen des Zweiten Weltkriegs nur der Warleberger Hof. Auf der anderen Seite des Marktes gelangte man durch die belebte Holstenstraße und durch das Gitter des Holstentors zum Kleinen Kiel, einer Art von abgeschlossenem Noor der Förde, an dessen Ufer man entlang schlendern konnte. Der so gut wie tägliche Spaziergang in verschiedene Richtungen scheint denn auch bei den Mädchen im Hause Holst trotz der herbstlichen und bald winterlichen Jahreszeit sehr beliebt gewesen zu sein.

Anmerkungen zu den folgenden Briefen

In den vorliegenden Briefen wurden die teilweise flüchtige bis fehlerhafte Rechtschreibung, die für den Beginn des 19. Jahrhunderts nicht untypisch ist, und fehlende Zeichen oder Wörter nur dann korrigiert oder ergänzt, wenn es für das Verständnis wichtig war. Dies geschah, um das Zeitkolorit deutlich zu machen. Änderungen und Einfügungen sind, außer bei der Zeichensetzung, durch < > kenntlich gemacht.
Lene verfügte sicher nur über eine Grundausbildung in Rechtschreibung, ergänzt durch zusätzlichen häuslichen Unterricht bis zur Konfirmation, wie es für Mädchen des gehobenen Bürgerstandes üblich war. Oft gießt die junge Schreiberin für die Mutter als vertraute Empfängerin ihre Gedanken schnell und unreflektiert aufs Papier, um am Ende häufig ein „eilig" oder „in Eile" hinzuzufügen. Bei der verehrten Großmutter, von der auch hin und wieder ein kleines Geldgeschenk zu erwarten ist, gibt sie sich sehr viel mehr Mühe, wie auch später bei ihrem Verlobten.

Zu beachten ist, dass manche Wörter wie z. B. „je<t>zt" oder „fo<r>dern" in solcher Schreibweise damals korrekt waren. Bei den Briefen der Anna Stuhr sind kaum Eingriffe nötig gewesen, da sie als erfahrene, begabte und gebildete Schreiberin orthographisch und stilistisch sehr sicher war, ungewöhnlich für eine Frau ihrer Zeit und selbst ihres Standes.
Pastor Gerhard Holst bestätigt auf der Außenseite vieler Briefe Lenes, dass nichts Verordnungswidriges mit diesem Schreiben vorläge, eine Formel, die vom Staat für die Postbeförderung von einem Haushaltsvorstand verlangt wurde. Für die Schreiberin kann man nur hoffen, dass er sich nicht wirklich durch persönliche Lektüre davon überzeugt hat! Die Briefe sind von Holst mit seinem eigenen Siegel verschlossen worden, das ein G und ein H trägt.
Zur Entschlüsselung der vielen Personennamen sind das „Einwohnerbuch von Kiel" von 1803 und die dänische Volkszählung aus demselben Jahr hilfreich. Doch ist zu berücksichtigen, dass Lene erst fünf Jahre nach diesen Zählungen in Kiel lebte und es eine Fluktuation unter der Einwohnerschaft gegeben hatte. Dasselbe gilt für die aus Husum erwähnten Namen. Außerdem hatte sich bei Frauen oft der Familienname durch Heirat verändert.
Wenn nicht anders vermerkt, befinden sich die zitierten Briefe zurzeit im Privatbesitz. Nach Veröffentlichung dieser Arbeit werden sie auf Wunsch der Erbinnen, zweier Ururenkelinnen Lenes, an die thematisch zuständigen Archive in ihrem Namen durch die Verfasserin als Schenkung überreicht.
Da Lene auch in der schriftlichen Anrede für „Du" und dessen Formen nicht das große D benutzt, wie sonst üblich, und auch „ihr" und seine Ableitungen klein schreibt, wurde diese Schreibweise beibehalten wie auch die fehlerhafte Rechtschreibung. Diese wurde um 1800 sowieso nicht sehr formelhaft gehandhabt. Überhaupt beherrschten meistens nur Frauen der Oberschicht das Schreiben; es gab auch viele Männer, die kaum schreiben konnten.

Briefe der Lene Woldsen aus Kiel 1808 / 1809

Brief 1

Madam Woldsen
abzugeben bey Herrn Simon Woldsen in Husum frey
Kiel, d 8. September <1808>

Nun das mag ich leiden liebe Mutter du bist doch noch ziemlich pünktlich mit Beantwortung meiner Briefe, ich muß dir auch aufrichtig gestehn der Kopf fing schon an, mir recht ein bischen kraus zu werden, den<n> schon 4 Briefe habe ich nach Husum geschickt und auf keinen eine Antwort erhalten, daß Marie mir gar nicht einmal geantwortet hat vor ihrer Abreise thut mir recht von Hertzen weh, wenn sie mich so bald vergessen konte so war sie es gar nicht werth, daß ich sie so herzlich liebte, es mag bey ihr wohl heißen aus den Augen aus dem Sinn, sobald sich ihr neue Gegenstände zeigen sind die alten aus ihrem Gedächtniße verwischt, doch ich merke daß ich bitter werde darum geschwind von etwas andern.
Du Wilst doch auch gewiß gerne erfahren wie wir hier leben, noch immer nach der alten Weise, immer vergnügt und lustig, wenn das Wetter es erlaubt nehmen wir noch immer unsere Spatzierthur <Spaziertour> nach dem Garten [Schlossgarten] *vor, wir hüten uns aber alle vor der späten Abendluft, weil die die Ruhr sehr befördern soll welche wie du weißt noch immer in Flensburg ist. Gestern nahmen wir wieder wie gewöhnlich unsere Tuhr <Tour> nach dem Garten, das Wetter war den Abend so herrlich daß es uns verleitete noch einen Spatziergang nach Düsternbrok zu machen, wie wir auf dem Rückwege begriffen waren begegnete uns die Königin zu Fuß; denk dir doch; und es war sicher schon über 6 Uhr, von ihrer Schwester Juliane, ihrer Tochter Caroline und 5 Hofdamen begleitet mit einem einzigen Bedinten hinter sich, ist das doch nicht mal nett, und nun soltest du den Anzug gesehn haben, so bürgerlich, ganz schwartz mit einem violetten Tuch umgeschlagen daß sie wie die Holsten sagt schon über 2 Jahre getragen hat, sie ist noch immer sehr hübsch und wäre es noch viel mehr wenn sie nicht so gräslich stark geschminkt wäre, Karoline ist recht häslich, das wahre Ebenbild des Königs, die ganz Kleine ist ein niedliches dickes Kind schade nur daß sie auch wohl des Vaters Ebenbild mit weißen Haaren wird.*
Heute ist Ball auf Dorfgarten den die Studenten geben, und was denkst du die Herren haben auch mich nicht vergessen dazu zu invitiren, aber zu solchen Studentengelagen weiß Gott finde ich kein Vergnügen hinzugehn, und Holstens fanden es auch nicht für anständig, so bin ich den<n> zu Hause geblieben, und findest du das nicht auch doch unhöflich durch eine Einladungskarte invitiren zu lassen? wie ich es das erste mal abschlug haben sie noch August Beizer auf der Strasse angerufen und zu ihm gesagt: daß er mich doch dazu überreden möchte, sind das nicht galante Herrn? Doch nun haben wir bald ein Conzert zu erwarten, vileicht schon in der andern Woche, der Königin Leibregiment ist hier, die Hobuisten spielen vortreflich, wir haben einen davon im Quartir, zum Winter sagt Holst kommen noch Bälle ganz in der Harmonie, wozu die Eltern immer miteingeladen werden, so will ich denn nun meine Tanzlust bis zu der Zeit sparen.
Jezt habe ich schon ganz im Ernst mit dem französischen einen Anfang gemacht, alle Tage ge-

he ich von 11 bis 12 nach der Mamsell Hahn, den<n> Sprachmeister, das heißt gute sind hier gar nicht zu haben, sie verlangt 2 Spezies[36] für einen Kalendermonath das finde ich doch auch sehr billig. Clavierstunden hat Abel nicht eher als nach Michagaelis <Michaelis> zu vergeben wenn die erst anfangen, werde ich mich entzetzlich freun. Stickstunden nehme ich auch gewiß aber erst im Winter denn jezt würde ich noch zu viel Abhaltung haben, du siehst daß ich von deiner Erlaubniß Gebrauch mache alles zu lernen wozu ich Lust habe. Gieb mir doch Nachricht davon ob Gretchen Marxen zu Hause gekommen ist, so muß ich doch an sie schreiben, ich addressire die Briefe dan<n> nach unserm Hause, und du schickst sie dann weiter, sind Woldsens schon nach Hamburg und kommen Alsens noch diesen Sommer in Husum? Lauter Fragen worauf du mir die Antwort schuldig bist.

Diesen Morgen habe ich einen Brief von Gretchen Hansen erhalten worin sie mir auch von Marie ihrer Abreise schreibt. –

Grüß meinen guten Decker doch recht herzlich von mir ich denke noch recht oft an ihn. Sag doch an Elsabe daß sie auch einmal an mich schreibt, sie vergißt ja sonst ganz daß sie eine Schwester in der Fremde hat, nächstens will ich auch an Großmutter schreiben, ich glaube doch daß sie es gerne sieht. Diesen Nachmittag gehen wir vileicht nach der Nassern der Herr Gemahl haben sich schon nach meiner Wenigkeit bey Holst erkundigt, vorgestern waren wir bey der Henslern, sie läßt recht herzlich grüßen und bedauert daß sie nicht das Vergnügen gehabt hat, euch bey eurem Hierseyn zu sehn. Wir haben hier heute ein starkes Gewitter mit einem fürchterlichen Regen begleitet, ein Blitz kam mit einem schrecklichen Schlag begleitet, ich möchte wohl wißen wo der getroffen hat. Sind Esmarchs schon zu Hause oder noch auf der Reise sie sagten ja daß sie über Kiel fahren wolten hier ist aber niemand gewesen, ich hatte vor einiger Zeit eine unerwartete Visite von Gretchen Rehder, sie war so gefällig mir einen Brief an Gretchen Hansen mitzunehmen, sie hat der Holsten gar nicht gefallen, du glaubst auch nicht wie dum und wie sonderbar sie sprach.

Leb recht wohl und gesund grüß Vater und die Schwestern und alle welche sich meiner freundschaftlich erinnern, und denke recht oft mit Liebe zurück an deine

Lene Woldsen

einen Regenschirm habe ich mir auch gestern bestelt er wird recht hübsch aber 17 ß ist doch auch ungeheuer viel Geld, die Wäsche ist hier nicht besonders theuer.

*

[auf dem Umschlag von anderer Hand]: *Daß hierin nichts Verordnungswidriges enthalten bescheinige ich hiedurch G. Holst Kiel d 9ten Sept. 1808*

In diesem ersten erhaltenen Brief aus Kiel an die Mutter erwähnt Lene, sie habe schon vier Briefe abgeschickt, ohne Antwort zu erhalten. Es wird deutlich, dass wirklich Schreiben vorangegangen sein müssen, die die ersten Reaktionen auf die neue Umgebung schildern. Auch meint das junge Mädchen, dass sie *noch immer nach der alten Weise* leben, seit *einiger Zeit*, wie es später auch heißt. Diese Anfangsbriefe aus Kiel sind bei den schwierigen Postwegen entweder nicht angekommen oder verlorengegangen; in dem Konvolut fehlen sie leider.

Lenes positives Naturell zeigt sich in der Art, wie sie sich von der Enttäuschung über ihre beste Freundin Marie schnell ab- und erfreulichen Dingen zuwenden kann, *immer vergnügt und lustig.* Und sie hat wirklich Staunenswertes zu berichten: Vom schon üblichen Abendspaziergang bei bestem Wetter durch den Schlossgarten, manchmal sogar nach Düsternbrook, dem herrlich gelegenen, nördlichen Stadtteil mit Obstbaum-Schulen und einem gerade in diesem Sommer von eben dem Architekten Axel Bundsen, der Stuhrs Landhaus in Flensburg umgestaltet hatte, erbauten Gartentempel. Er dient als Teepavillon für die königliche Familie. Beim schönsten Aussichtspunkt, dem heutigen Bellevue, bietet eine kleine Wirtschaft Erfrischungen an.[37] Überall gibt es Ausblicke auf die reizvolle, für eine Bewohnerin der Marsch ungewohnt vielgestaltige Fördelandschaft, und als wahrhafte Krönung des Ganzen dann die Begegnung mit einer wirklichen Königin und ihren kleinen Prinzessinnen!
Bei der Königin handelt es sich um Marie von Hessen-Kassel (1767–1852), verheiratet mit dem dänischen König Frederik VI. (1768–1839). Die Königin ist zu diesem Zeitpunkt fast 41 Jahre alt; da braucht man schon ein wenig mehr Schminke als mit 17. Sie wird von Lene trotzdem *sehr hübsch* genannt, ein Urteil, das auch Porträts, die Marie von Hessen zeigen, bestätigen.[38] Königin Marie hatte acht Kinder, von denen nur die beiden Mädchen, die Lene beschreibt, am Leben blieben. Das kleinste, Wilhelmine Marie, wurde erst im Januar 1808 im Zufluchtsort Kiel geboren; sie blieb zeitlebens ihrer Geburtsstadt verbunden. Die große Schwester Caroline ist fast 14 Jahre alt. Beide werden von Lene als recht hässlich beschrieben, da sie ihrer Meinung nach dem königlichen Vater ähnelten.
Dieser Herrscher – Sohn der unglücklichen Caroline Mathilde, die in die Struensee-Affäre verstrickt war – ist im selben Jahr in Kiel von dem wohl angesehensten Porträtmaler der Herzogtümer, dem in Plön geborenen Friedrich Carl Gröger, in einem Brustbild dargestellt worden. Der König trägt auf einer roten Jacke seine Orden und darüber eine blaue, quer gebundene Seidenschärpe. Sein schmales Gesicht läuft in einem spitzen Kinn aus. Der Eindruck wird bestimmt von großen, etwas hervorquellenden blauen Augen unter fast weißen Wimpern und Brauen und einer langen, gebogenen Nase, und von dem weiß-rötlichen, in Koteletten auslaufenden Haupthaar. Es ist in der Tat ein unschönes Gesicht; der Maler wird sich bemüht haben, es ein wenig gefälliger erscheinen zu lassen (s. Grögers Porträt des Königs, Abb. 12, S. 46).

Auch von Prinzessin Caroline gibt es ein Porträt Grögers aus der Kieler Zeit. Die Dargestellte im „Backfisch"-Alter sieht ihrem Vater ähnlich, die Züge unter dem hochgesteckten, weißblonden Haar sind aber ins Mädchenhafte abgemildert. Mit Gröger wird Lene später noch persönlich bekannt werden (s. Brief 16).
Zurück zur Königin, bei der das schlicht bürgerliche Kleid und das, wie Lene hört, schon oft getragene Umschlagtuch zum Eindruck einer volksnahen Majestät beitragen. Erstaunlich ist in der Tat, dass es in diesen politisch so brisanten Zeiten außer der Entourage von Schwester, Hofdamen, Kindern und einem Bediensteten überhaupt keine Begleitwache gibt.[39] Das Bild eines Schweizer Malers zeigt wenige Jahre später die königliche Familie mitsamt dem Vater bei einem ähnlich ungezwungenen Spaziergang, wie Lene ihn in Kiel mit Erstaunen beobachtet hat (s. Abb. 11).

Das nächste Vergnügen hätte schon am folgenden Tag gewartet: Es gibt eine Einladung an Lene zum Studentenball auf „Dorfgarten", womit die Vergnügungsstätten im Stadtteil Dorfgaarden gemeint sind, wo sich besonders die Studenten gern trafen. Im Winter vor Lenes Aufenthalt in Kiel war übrigens die Zahl der Studierenden auf einem Tiefstand. In seinem Werk „Alt-Kiel" gibt

Abb. 11: Johannes Senn, Spaziergang der königlichen Familie im Park von Schloss Frederiksberg, um 1813

Heinrich Eckardt[40] sie mit nur 74 an, obwohl die Landeskinder ein „Pflicht-Biennium", also zwei Jahre Studium in Kiel, zu absolvieren hatten.

Nur durch cinc Kartc *invitirt* zu werden *zu solchen Studentengelagen* passl der jungen Dame nicht und sie wird von den Gasteltern darin bestärkt. Sicher wurde Lene schon zu Hause vor einer Liaison mit einem Studenten gewarnt und auch die Holsts sind instruiert worden. In der Tat hatten die Kieler Studenten noch lange Zeit keinen besonders guten Ruf. So schreibt z. B. der spätere Beamte Heinrich Rauert über sein erstes Semester in Kiel 1828: *Ganz anders hatte ich mir das Studentenleben gedacht! Stattdessen fand ich in Kiel ein rohes, gemeines, von ordentlichen Leuten verachtetes Volk vor.*[41]

Etwa ein Jahrzehnt später trägt Lenes frisch an der juristischen Fakultät immatrikulierter Neffe Theodor Storm in sein Tagebuch unter dem 18.6.1837 eine ähnlich negative Bemerkung über die Kieler Kommilitonen ein: *Ich möchte sagen<,> der Kieler, und ich glaube sagen zu können, der* *deutsche Student ist entweder ein Mensch, der viel kneipt und trinkt, alle Naslang auf der Mensur liegt, sich in Gemeinheiten gefällt, eben von nicht<s> anderem redet, als von Kneipereien und Paukereien, sich irgend ein schmuckes Dienstmädchen hält, auch wohl die Farben irgend einer Verbindung und, wenn er ihn hat, einen Schnauzbart trägt und nebenbei etwas ins Kolleg geht, oder er ist arbeitsam, eingezogen, einseitig oder einfältig.*[42] Allerdings notiert Storm nach der Unterbrechung durch das Studium in Berlin, nun in einer Kieler Wohn- und Arbeitsgemeinschaft mit den hochbegabten Brüdern Theodor und Tycho Mommsen aus Garding lebend, am Rand seiner alten Tagebuchnotiz: *Dummes Zeug.*[43]

Bald beginnen für Lene die Bälle der Wintersaison in der „Harmonie", bei denen die Eltern (in diesem Fall Frau Holst) dabei sind. Es findet auch demnächst ein erstes höfisches Konzert statt und einer der „Hobuisten" <Oboisten> wohnt sogar bei Holsts. Zur anscheinend angenehmen Pflicht gehören die täglichen Französischstunden bei Mamsell Hahn[44], und bald werden die herbei gesehnten Klavierstunden beginnen und die winterlichen Stickstunden. Die Großzügigkeit der Eltern Woldsen ist anerkennenswert: *Du siehst*, schreibt die Tochter, *daß ich von deiner Erlaubniß Gebrauch mache alles zu lernen wozu ich Lust habe.* Bei dem, was sie lernen wird, – Französisch, Klavier, Sticken, Tanzen, Konversation machen und sicher auch nicht zu knapp Religion bei Diakon Holst –, bewegt sich Lene allerdings völlig in den Konventionen ihrer Zeit, was die Erwartungen an das weibliche Geschlecht angeht.

Noch 1890, also beinahe hundert [!] Jahre später, schreibt die aufrührerische Franziska von Reventlow, Tochter des mit Storm befreundeten Landrats Graf Reventlow in Husum, an einen Freund: *Sie machen sich gar keinen Begriff, wie mit solch unglücklichen Backfischen zu Hause und in den Pensionen verfahren wird, ihnen werden die unnötigsten, uninteressantesten Kenntnisse eingetrichtert, furchtbar viel Religion, Grammatik, Handarbeiten und Klavier. Sie sollen gewaltsam in eine Schablone gepresst werden; was dabei herauskommt, können Sie an den Durchschnitts-jungen-Mädchen und -Frauen sehen, ungebildete, bleichsüchtige, spitzenklöppelnde, interesselose Geschöpfe, die, wenn sie sich verheiraten, in Haushalts- und Kindergeschichten aufgehen und ihrem Mann unmöglich etwas sein können, als eben seine Hausfrau* – [...].[45]

Lene fragt nach einer verwandten, 24-jährigen Freundin *Gretchen Marxen*, verh. Hansen aus Oldenswort, nach den Verwandten Woldsen in Husum und den Alsens aus Altona (Lucia Alsen, geb. Woldsen, ist Vaters Schwester, verheiratet in Altona).

Die Esmarchs gehören zu der in den Herzogtümern weit verbreiteten Familie, in die Schwester Elsabe Jahre später einheiraten wird. Einer von ihnen, August Diederich, ist Apotheker in Husum, dessen Tochter Marie, gleichaltrig mit Lene, wahrscheinlich deren oft genannte beste Freundin. Augusts Bruder Christian Hieronymus Esmarch – Jurist, Freund von Johann Heinrich Voß im Göttinger „Hainbund" – arbeitete als Zollverwalter am Kanal in Holtenau bei Kiel, wo, nach Lenes Bemerkung zu urteilen, ein Besuch der Husumer Esmarchs stattfinden sollte. Die erwähnte *Hensler* ist laut Einwohnerbuch „Pastorin", also mit einem Pastor verheiratet oder verheiratet gewesen.[46] Bei *der Nasser* wird es sich um die junge Frau von Johann Adolph Nasser, einem Professor der Klassischen Philologie, handeln, der 1803 noch allein wohnte.

Lene steckt also schon mitten im gesellschaftlichen Leben, macht und empfängt Visiten, erhält Einladungen und scheint ihre Erfahrungen, fern von Husum und der Familie, sehr zu genießen. *Von allen zeitgenössischen Schriftstellern*, schreibt Eckardt über den Anfang des 19. Jahrhunderts, *werden die Kieler als sehr vergnügungssüchtig geschildert, ihre Geselligkeit und ihre Freude am geselligen Leben hervorgehoben.*[47]

Brief 2

Madam Woldsen
add. Herrn Simon Woldsen in Husum
Kiel d 26 Sept. 1808

Gute Mutter.

Eigentlich bist du auch gar nicht ein bischen prom<p>te in deinen Antworten schon so lange hast du einen Brief von deiner lieben Tochter gehabt, und hast sie immer vergeblich nach einer Antwort von dir aussehn lassen, das ist eigentlich gar nicht recht, doch ich will jezt nicht so hart richten den<n> du hast nun das Jahrmarkt gehabt, und da giebt es doch immer wie ich weiß sehr viel Stöhrung, jezt hoffe ich aber alles von der Zukunft.

Der eigentliche Zweck meines Schreibens enthält eine Bitte um meine Hosen, sie sind noch recht gut wen<n> ich bey den Beinen neue Stücke einsetze, wilst du mir dazu nicht einige Lappen schicken? die eine liegt in meiner kleinen Schublade, wo die andere sich aufhält weiß ich nicht ganz bestimt, wenn ich mir den <Stoff> zu einer neuen hier kaufe so habe ich auch genug, soll ich denn auch nicht mit der nemlichen Gelegenheit die Baumwolle haben die noch von dem Pfunde übrig geblieben ist, ich kan sie diesen Winter gewiß recht gut aufstricken. Willst du auch nicht so gut seyn und von meinem weißen Huth die Spitze ablösen und mir schicken das was dazu gehört habe ich hier, und nun noch eine Bitte hast du nicht von dem gelben Catun so viel übrig behalten als für mich zu langen Ermeln, wenn sie auch nur grade genommen werden können, du weißt wohl mein schlimmer Fehler mit dem frieren, es nimt schon mit voller Kraft seinen Anfang soll ich auch nicht einige Federhosen haben es sieht so armseelig aus wenn ich sie von Holstens haben muss.

Ich glaube noch, das Klotz in Husum ist, der nähme gewiß gerne den Packen mit, sonst muß es ja über Schleswig, soll ich es aber nicht recht bald haben? ich habe heute schon einen heftigen Durchfal gehabt, da hättest du mal sehn sollen wie zärtlich besorgt Holstens für mich sind, wenn ich bey euch in Husum wäre köntet ihr nicht mehr für meine Gesundheit sorgen als die guten Holstens es thun. nun habe ich schon 2 Clavierstunden gehabt, es gefält mir ganz erstaun<lich> gut, Abel hatte aber keine Stunden mehr, und so mußte ich den Kantor Dalers nehmen den Abel uns selbst als den besten recomandirt hat er nimt 12 ß[48] für die Stunde, mir däucht nach hiesiger Art ist das nicht zu viel, aber frage Vater mal ob es nicht besser ist das<s> Holst das Geld für meine Stunden auslegt, er thut es wie er mir selbst gesagt hat sehr gerne, denn wenn dieß nicht der Fall ist so komme ich mit meinem Geld viel zu kurtz, was glaubst du wohl meine Ausgaben sind schon an 30 ß stark, meinen Regenschirm habe ich erhalten welcher ganz erstaunt hübsch ist, aber 17 Mark [Schleswig-Holsteinisch Courant] läuft doch schon an. So habe ich mir schon verschiedene Bücher bey der Hohe an schaffen müßen, un<d> Binderlohn dafür, 4 Mark für zwei Paar englische Handschuhe die ich doch durchaus für den Winter haben muß, und dann meine Wäsche und die übrigen Kleinigkeiten, so wirst du das leicht einsehn können. Schuhe brauche ich hier auch unweit mehr als in Husum. In dem Migaelic <Michaelis>-Markt das hier in 8 Tage einfält muß ich doch durchaus wie du weißt ein neues weißes Kleid ha-

ben, und einen kleinen Mulltuch, das reißt doch ins Geld, den<n> armseelig wolt ihr mich doch gewiß nicht hier gehn laßen, denn wenn zum Winter die Bälle und Geselschaften in der Harmonie anfangen so kann ich doch viel brauchen.
Sontag Abend bin ich schon da zur Geselschaft gewesen, Radebertz <Rodeberz> (welcher noch immer hier ist), Holst welcher uns hinführte und wir beiden Frauenzimmer, daß wir doch solche Zusammenkünfte nicht in Husum haben, es ist doch wahrlich ganz scharmant, um halb 7 gingen wir hin, wie wir kamen wurden uns sogleich Karten offerirt, wir spielen aber beide nicht und hielten uns so wie die mehrsten Damen bey unserm Strickstrumpf und unter freundschaftlichen Gesprächen, gegen 10 wurde zum Essen gebeten, jeder Herr sizt bey seiner Dame die er hin geführt hat.
Das finde ich wirklich sehr nett denn die mehrsten Studenten und Officire sind doch ein bischen dumdreist, bey Tisch waren wir sehr munter und kamen gegen 12 zu Hause. Die Geselschaft war den Abend an 60 Personen stark, sie besteht aus den angesehensten Einwohnern der Stadt, da habe ich auch den <u>Doctor Bilefeld</u> kennen gelernt bey dem die gute Tante zu Hause gewesen ist, einen Menschen der mehr adelig ist kanst du dir gar nicht denken. Du kannst Cathrine Paulsen auch von einer gewissen Demoisell Schreiber grüßen die ich da habe kennengelernt, ein ganz scharmantes Mädchen, sie erinnert sich noch mit sehr vielem Vergnügen des freundschaftlichen Umgangs mit ihr. Sie wird jetzt an einen jungen Kaufmann Fesch verheirathet, einen sehr netten braven Mann mit dem sie gewiß fröhlich leben wird, schreibe mir doch, ob es gewiß ist das die Paulsen in Wochen soll.[49]
Das<s> Stuhrs bey euch gewesen sind hat mich recht gefreut, es ist gewiß recht eine Aufheiterung für die kleine gute Frau gewesen, ihr ungerathener Sohn hat jetzt Kiel verlassen, nachdem er förmlich von uns Abschied genommen hat, er hält sich nu<n> auf einer andern deutschen Universität <u>studirenshalber</u> auf. Auf den Ball zu Dorfgarten ist er so betrunken gewesen daß <er> sich in seinem eignen Auswurf gewälzt hat, ist das doch nicht scheuslich? So gerne hätte ich auch heute den Brief meiner guten Lucie beantwortet aber die Zeit ist mir so kurz, es ist schon 8 Uhr, und nach 8 werden hier keine Briefe mehr angenommen, grüße sie recht herzlich und vertröste sie bis auf das nächste mal, viele Grüße von Holstens ewig

deine Lene Woldsen

vergiß doch nicht nach Hamburg um mein kleines Hertz zu schreiben, die Winken hat dich wohl schon erinnert, ich habe sie wenigstens in einen [!] *meiner Briefe darum gebeten.*

*

Außen auf dem Bogen über die Adresse geschriebene Zeilen, offensichtlich in der Handschrift der Mutter, sind unleserlich.

Angesichts der früher viel kälteren Winter musste rechtzeitig für warme Kleidung vorgesorgt werden. Lene benötigt einige Sachen aus Husum wie ihre längeren Unterhosen zum Reparieren, Baumwolle zum Verstricken und einen Rest Kattun für lange Ärmel an ihrem Kleid. Interessant ist ihr Wunsch nach Federhosen, ähnlich wohl unseren Ski-Daunenhosen, die in kürzerer und schmalerer Form anscheinend unter einem Unterkleid getragen wurden. Die Bemerkungen über

Unterwäsche konnte sie nur einer so vertrauten Person wie ihrer Mutter gegenüber machen; ansonsten war das Sprechen über diese Dinge (die „Unaussprechlichen") noch für lange Zeit eine Unmöglichkeit.
Es mag verwundern, dass Lene sich in mehreren ihrer erhaltenen Briefe so ausführlich mit modischen Einzelheiten und ihrer Herstellung beschäftigt. Das hat sicher viel mit ihrer Jugend zu tun, in der man sich gern hübsch präsentiert, aber auch mit der Tatsache, dass für Frauen bis ins 20. Jahrhundert hinein eines der wenigen ihnen zugänglichen Betätigungsfelder das Handarbeiten war.[50] Dieses war auch von essentieller Notwendigkeit, um für die Bekleidung der großen Familien zu sorgen. Vom Spinnen über das Weben, vom Zuschneiden und Nähen bis zum Befestigen des letzten Knopfes musste alles mühsam von Hand gefertigt werden. Fast unentwegt wurde beim Plaudern, bei Vorlesestunden, beim Kinderhüten, sogar beim Umhergehen gestrickt, gehäkelt, gestickt, geflickt, geklöppelt, genäht.

Wie verschiedene Biographen berichten, sahen sich etwa Lenes geniale Zeitgenossinnen Annette von Droste-Hülshoff und Jane Austen gezwungen, Nähzeug über ihre Schreibpapiere zu werfen, wenn jemand unverhofft den Raum betrat. Sogar in der Gesellschaft für die höheren Stände der Stadt Kiel, der „Harmonie", saßen die meisten Damen, wie Lene es schildert, bei Soireen miteinander plaudernd über ihre Strickstrümpfe gebeugt, während die Herren sich nach Möglichkeit geistreich unterhielten. Der Naturwissenschaftler Carl Vogt (1817–1895) bemerkt im späten 19. Jahrhundert im Rückblick ironisch: *Eine Frau ohne Strickstrumpf wäre als ein sittlich verwahrlostes Wesen angesehen worden,* [...] *die Frauen bewiesen ihre Tüchtigkeit dadurch, daß sie selbst in Konzerten und auf Bällen strickten.*[51] Frauen konnten in Gesellschaft nur von einem Mann begleitet erscheinen. Herr Holst führte seine Gattin, Herr Rodeberz (der Geburtsname von Frau Holst, also deren Vater oder Bruder), Lene zu Tisch. Viele der genannten Personen sind nicht mehr zu ermitteln, allerdings kennen wir Herrn Peter Bielefeld von der Adresse eines Briefes von Lene an Mutters Schwester, Tante Christine Feddersen, in Kiel, die sich dort zeitweise aufhielt.
Zu ergänzen ist: Kleidung war in früheren Jahrhunderten viel wertvoller, als wir es ermessen können. Besonders galt dies für die einfacheren Stände, die außer der Arbeits- meist nur **eine** Festtagskleidung besaßen, die oft ein halbes Leben lang getragen wurde. Aber auch die Mitglieder des höheren Bürgertums besaßen im Vergleich zur heutigen Zeit nur relativ wenig Kleidungsstücke, die entsprechend repariert, gewendet, umgeändert, gefärbt, und oft vererbt wurden. Lene verfügt über einen eigenen kleinen Etat, kommt damit aber nicht aus, wenn sie sich nun in der Gesellschaft bewegen soll. Sogar Bücher hat sie sich besorgt, wobei sie leider nicht deren Titel nennt.
Viel wichtiger ist aber das weiße Musselinkleid, das das junge Mädchen für die Gesellschaften und Bälle in der Kieler Wintersaison benötigt, sowie flache Kreuzbandschuhe, die schnell durchgetanzt sein werden. Es muss, der Mode folgend, ein Empirekleid sein; ein Mulltuch konnte man sich zum Wärmen um den Hals legen und die Enden als Brusttuch in den Ausschnitt stecken. Unterkleider oder auch fleischfarbene, elastisch gewirkte Strumpfhosen sorgten bei manchen Damen für Wärme. Üblich war es ebenfalls, sich ein breites wollenes Umschlagtuch, wenn möglich aus Kaschmir, in einer schönen Farbe um die Schultern zu werfen, wie es auch die Königin Marie machte. Lange, elegante Handschuhe und ein hübsch gerüschtes Häubchen, eine kleine Schute oder ein mondäner Federschmuck gehörten zu dieser Aufmachung dazu. Und doch war bei sol-

cher Art von Kleidung im Winter das große Frieren angesagt. *Die Ärzte, die so lange gegen das Korsett gewettert hatten, hatten durch die zu dünne Bekleidung dieser ‚Nacktmode' einen neuen Grund zur Klage – zahlreiche Krankheiten bis hin zur Tuberkulose fielen unter die Diagnose ‚Musselinkrankheit'.*[52]

Das für die Empfängerin des Briefes, Mutter Magdalena, wohl Wichtigste, nämlich die Reaktion der Tochter auf die Meldung vom Stuhrschen Besuch in Husum, fällt freundlich, aber knapp aus und zeigt, dass Lene völlig ahnungslos ist, welche Pläne *die kleine gute Frau* für sie schmiedet. Dabei werden sich die Elternpaare zusammen das gerade für Sohn Jacob in Friedrichstadt erworbene Anwesen genau angesehen und die Modalitäten einer eventuellen Heirat besprochen haben. Lene beschäftigt sich dagegen mit ein bisschen Klatsch. Der zweite Flensburger Sohn, der *ungerathene* Peter Feddersen Stuhr, hat sich doch tatsächlich nach dem Ball in Dorfgaarden unmöglich benommen! Später hat er sich allerdings höflich verabschiedet, um sich an anderem Orte *studirenshalber* aufzuhalten, was sie ironisch unterstreicht.

Die Schreiberin konnte nicht ahnen, dass eben dieser Peter der bekannteste unter den fünf Söhnen der Familie Stuhr und posthum Ehrenbürger seiner Geburtsstadt Flensburg werden sollte. Nach einem Schwanken zwischen militärischer – er brachte es in den Befreiungskriegen bis zum preußischen Premierlieutenant – und wissenschaftlicher Laufbahn entschied er sich für letztere und wurde ein anerkannter Professor für Mythologie an der Berliner Universität.[53] Als glühender Verehrer der Prinzessin Alexandrine von Preußen verkehrte er regelmäßig am königlichen Hof; König Friedrich Wilhelm III. überreichte ihm als Zeichen seiner Gunst eine goldene Schnupftabakdose – aber nicht die Hand seiner Tochter.

Theodor Storm hat Peter Feddersen Stuhrs Bücher geschätzt und zweimal sein Grab auf dem Dreifaltigkeitsfriedhof vor dem Halleschen Tor in Berlin besucht. Einige von Stuhrs mythologischen Werken werden noch heute neu herausgegeben.

Brief 3

An die verwittwete Frau
Rathsverwandtin Feddersen geb. Thomsen in Husum 1808
Kiel d 21 Oct 1808

In der Hoffnung daß Ihr Wohlsein noch immer meinem Wunsche gemäß lautet, ergreife ich die Feder um mich mit Ihnen liebe Großmutter schriftlich zu unterhalten, da wir leider zu weit von einander getrent sind, um dieß, unserer alten Gewohnheit nach mündlich zu thun so müßen jezt todte Zeichen die Stelle unser<er> Sprache ersetzen. Wie froh und zufrieden ich hier lebe haben Sie gewiß schon aus früheren Briefen an Mutter, von mir erfahren, von dem Vertrauen und der innigen Freundschaft meiner guten Pflegeeltern gegen mich, können Sie sich gewiß nur einen sehr schwachen Begriff machen, wenn du meine leibliche Schwester wärst sagt die gute Tante so oft: könnte ich dich nicht mehr lieben wie jezt, und bloß der Gedanke einer Trennung von dir ist mir schon schrecklich, wir wollen alle zusammen künftigen Sommer deine Eltern besuchen, aber nur unter der Bedingung: daß du wieder mit uns zurückführst.

Und können Sie sich das denken gute Großmutter? ich mache dagegen gar keine Einwendungen, den<n> ich denke, glücklichere Tage als ich hier lebe werden mir so leicht nicht wieder kommen, alle Menschen kommen mir hier mit Liebe und Achtung entgegen, und das thut doch einem jungen Hertzen so wohl, groß und ausgebreitet ist unsere Bekantschaft nicht, aber ein kleiner traulicher Zirkel, von eben so guten frohen Menschen wie wir sind schließt sich um uns herum und verschönert unsere Tage. Eine junge Hausgenossin, jezt meine Freundin, eine Tochter von der besten Freundin der Holsten, eine Sybrandt aus Flensburg, habe ich hier auch gefunden, diese bleibt vermuthlich auch den größten Teil vom Winter hier im Hause, wie angenehm mir dieß seyn muß können Sie leicht denken, da mir Freundschaft so unentbehrlich ist, doch meine gute Marie hat mich in diesem Punkte ein bischen verwöhnt, und das so sehr, daß ich das was sie mir war doch bestimt an keiner andern wiederfinde, auch sie ist sehr glücklich in ihrer neuen Lage, nur einmal habe ich noch einen Brief gehabt, worin sie mich ganz mit ihrer häuslichen Lage bekannt macht.

Den 14 diesen Monats sind wir in der Harmonie zum Ball gewesen, die jungen Leute bezeigen sich äußerst artig gegen uns daß sie uns als ein paar fremde Damen mit in ihre Geselschaften ziehn, meine gute Doris [Sybrandt] *und ich haben uns beide königlich amüsirt, und obgleich wir hier niemand kennen hat es uns an Tänzern doch nicht gefehlt. Den 29. ist wieder große Conversation in der Harmonie, einen von diesen Zirkeln habe ich schon einmal mit beygewohnt, welcher mir nicht weniger wie der Ball gefiel. Die Mischung von dem Adlichen und Bürgerlichen, ist gar nicht unangenehm überhaubt ist man hier so vernünftig sich wenig an dem Adel zu kehren wenn er stoltz und ungesellig ist.*

Daß ich Stunden auf dem Clavier und im französischen genommen habe wird Ihnen nicht mehr unbekant seyn, ich denke meine große Lust soll die versäumte Zeit des ersteren noch wieder einholen, mein Lehrer geht bey seinem Unterricht unglaublich langsam zu Werke, aber er erhält doch von allen Kennern ein ungetheiltes Lob, und so muß ich in diesem Fall meiner Wißbegirde wohl ein Ziel stecken, mein französisches macht mir nicht weniger Freude, ich besuche die Stunde von 11 bis 12 jeden Mittag die eine gewisse Demoisell Hahn mir giebt eine äußerst nette Person.

Von ihrer Einquatirung werden Sie auch gewiß bald befreit, man sagt hier daß alle französische Truppen aus dem Lande gehn. Meine Hausgenossen laßen sich ihnen alle unbekanter Weise bestens empfehlen, grüßen Sie Vater, Mutter, Schwestern und überhaupt alle die mit Freundschaft an mich zurückdenken von Ihrer stets an Sie mit Achtung und Liebe zurückdenkenden Enkelin

Lene Woldsen

*

[außen von anderer Hand]: *Daß hierin nichts Verordnungswidriges enthalten bescheinigt G. Holst*
Kiel d 21sten Oct. 1808

Lenes Ton im Brief an die Großmutter ist verglichen mit dem gegenüber ihrer Mutter geradezu ehrerbietig. Schon die damals übliche Anrede der Großeltern mit „Sie" schafft eine gewisse Distanz und lässt die Achtung spüren, die das Mädchen in der Schlussformel nennt und wohl auch wirklich empfindet.

Der Kieler Aufenthalt gestaltet sich trotz der kalten Jahreszeit immer angenehmer; Lene bekommt Liebe und Anerkennung von ihrem engsten Umfeld und hat nun auch noch eine Mitbewohnerin erhalten, mit der sie sich gleich eng befreundet. Doris Sybrandt kommt aus Flensburg, was wohl durch die schon erwähnte Herkunft von Herrn Holst aus dieser Stadt zu erklären ist. Lene scheint die Gabe zu haben, Freundschaften zu schließen und durch Liebenswürdigkeit und Frohsinn Menschen an sich zu binden. Sie hat viel Freude am Klavierunterricht, (ein schon erwähntes Erbteil besonders aus der Woldsen-Familie ist die Musikalität, die eine starke Ausprägung auch bei Theodor Storm erhalten sollte und sich nach Generationen noch durch die Familie zog und zieht),[54] am Französischlernen und am Tanzen, das sie allem Anschein nach ausreichend in Husum gelernt hat, wo es sicherlich für die Töchter aus gutem Hause einen „Tanzmeister" gab. Da damals die vornehmen Häuser Säle besaßen, wurden dort unter anderem auch Kinderbälle veranstaltet. So ist Lene in ihrem Auftreten sicher genug, um auch an Bällen in der Kieler „Harmonie" teilzunehmen.

Diese Gesellschaft und ihre Veranstaltungen sind schon in vorhergehenden Berichten nach Husum lobend von ihr erwähnt worden. Im Sinne der Aufklärung war die „Harmonie" im Jahre 1800 von einer Gruppe gebildeter und einflussreicher Männer gegründet worden mit dem Ziel, durch die Erkenntnisse der Vernunft die Entwicklung der Mitglieder zu mündigen Bürgern in Harmonie zu befördern. Die Räume der Gesellschaft befanden sich während Lenes Kieler Zeit ganz in der Nähe in der Schumacherstraße 4. Man fand dort eine bedeutende Bibliothek, anspruchsvolle Journale und Zeitungen lagen aus und regten auch zu politischen Diskussionen an. Es gab Karten- und Billardspiele, eigene Konzerte und pro Jahr neun Tanzbälle. Frauen waren nur zu einigen Veranstaltungen zugelassen in Begleitung ihrer Ehemänner, unverheiratete nur auf Einladung. Geistig und künstlerisch spielte die Gesellschaft eine wichtige Rolle in der Stadt. *Wer in Kiel auf sich hielt, musste Mitglied in der Harmonie sein.*[55]

Die Äußerung der erst Siebzehnjährigen: [...] *ich denke, glücklichere Tage, als ich hier lebe, werden mir so leicht nicht wiederkommen* [...], ist im Hinblick auf ihr schwieriges späteres Leben im Wesentlichen wahr geworden. Die Kieler Zeit wird für Lene immer eine wunderbare Erinnerung gewesen sein.

Brief 4

Madame Woldsen
add Herrn Simon Woldsen in Husum
Kiel d 25 N. 1808

Gute Mutter
Fast möchte ich fragen ob du denn ganz vergessen hast daß du noch <u>eine</u> Tochter in Kiel hast, ist das recht mich so lange vergebens nach einem Brief aussehn zu lassen? alle meine Freundinen schreiben mir so oft, und von dir meiner guten lieben Mutter, allein, erhalte ich so selten Nachricht, ob ihr Lieben alle gesund und munter seyd, du kanst mir sicher glauben, daß es mich zuweilen ein bischen unruhig macht, wenn du so fortfährst kann leicht Heimweh entstehn, da sol-

test du sehn, wie gehorsam Doris ihre Mutter ist, 4 Seiten lange Briefe erhält Doris zuweilen. Aber nicht wahr? du willst dich auch bessern.

Nun haben Elsabe und Lucie wohl schon ihre Hochzeit gehabt nicht wahr? haben sie sich da gut amüsirt? nach Elsabe ihrem Briefe zu urtheilen freuten sie sich recht sehr dazu. Am 13 November sind wir auch wieder zum Ball gewesen, ich bin recht vergnügt gewesen aber doch nicht so sehr wie das erstemal, die Geselschaft, von mehr als 40 Paar war zu zahlreich für den Platz, es greift auch wirklich ein bischen an eine so lange Colon<n>e rauf herunter zu tanzen. Ich hatte das klare Kleid mit dem Rothen darunter, mein rothes taftens Leibchen, eine Spitze am Hals, und ein sehr hübsches weißes Rosenknospen-Buket das ich mir dazu gekauft hatte auf dem Kopf, Doris war fast ebenso angezogen. Sontag 8 Tage glaube ich haben wir wieder einen Ball, dieser wird gewiß angenehmer, weil alles seine Tanzlust zum Neujahrstage spart, an dem ein recht glänzender Ball gegeben werden soll von dem ich mir aber am wenigsten verspreche, weil er gewiß noch überfülter als der vorige wird. Mathis ist diesen Abend zu einem Kinderball, zu dem man uns aber gar nicht eingeladen hat. Unter den Bekantschaften die ich hier gemacht habe, gefallen mir des Professor Ni<e>manns beide Töchter am allerbesten, der Bruder von dem Vater ist in Husum Arzt gewesen, du glaubst nicht was das für allerliebste Mädchen sind, wir haben uns vorgenommen recht oft zusammenzukommen, welches wir bis jezt auch treulich gehalten haben.

Von der Hensler habe ich recht viele Grüße an euch erhalten, im näheren Umgang ist sie eine ganz scharmante Frau, der Mann ist ein wahres Gerippe, seine Badereisen wollen noch immer nicht seine Gesundheit wiederherstellen. Der Lehrer, den Burgmeister auf Ostern für seinen Carl erhält ist ein sehr netter und feiner Mann, komisch daß er mit dem Knaben bey Fridlib einquatirt wird.

Nun bin ich in voller Arbeit an Vater seinem Futterhemde, ich wolte es so gerne an seinem Geburtstage fertig haben, aber daran zweifle ich, mein schlechtes schreiben bist du daher wohl so gut auf Rechnung meiner Eile zu schieben. Von Lucie Loh habe ich schon 2 Briefe erhalten aber das weiß Gott ich lese ihre Briefe nicht mit Vergnügen, sie schreibt in jeder Hinsicht einen ganz erbärmlichen Brief. Über Marie bin ich recht unruhig ich habe in so ewiger Zeit keine Nachricht, es ist doch ein schlimmes Dings darum, wen<n> Hertzens Freundinnen so weit von einander getrent sind. – Ist sonst gar nichts neues in Husum vorgefallen was mich intressirte, wie geht es Jule mit ihren Umständen? – Ist Großvater und Großmutter noch immer so wohl? grüße die beiden Alten recht hertzlich, Jasper versicherte mir, daß er ersteren ungewöhnlich gut verlassen hätte.

Grüße alle von

deiner Lene Woldsen

*

[außen von anderer Hand]: *Hierin nichts Verordnungswidriges. G Holst Kiel d 25 Nov. 1808*

Das junge Mädchen zeigt sich unruhig und unzufrieden, dass ihre Mutter so selten schreibt; im nächsten Brief aus Husum erfährt sie die Gründe dafür. Zum ersten Mal taucht das Wort *Heimweh* bei ihr auf, vor dem sie sich bei so wenig Nachricht aus der Heimat fürchtet.

Durch ihre neue Freundschaft mit den Töchtern Henriette und Wilhelmine des Staats- und Forstwissenschaftlers August Christian Niemann (1761–1832) kommt Lene, wie auch schon durch ihre Unterkunft bei dem vielseitig gebildeten Pastor Holst, mit den geistig interessierten Kreisen

Kiels in Berührung. Niemann und Holst standen in enger Verbindung durch ihre gemeinsame Tätigkeit für die „Gesellschaft freiwilliger Armenfreunde". Holst war der Herausgeber der „Wochenschrift zum Besten der Armen".[56]
Lenes Musikalität zeigt sich wieder in der großen Freude am Tanzen. Die Beschreibung der schönen Aufmachung für einen Ball in der „Harmonie" ist so detailliert, dass man sich die Tänzerin in ihrem durchsichtigen („klaren") Kleid über dem roten und mit den seidenen Rosenknospen auf dem blonden Haar gut vorstellen kann.
Interessant ist die Bemerkung des jungen Mädchens über den Ball in der „Harmonie" mit mehr als 40 Teilnehmern und Teilnehmerinnen in langer Kolonne, die hinauf- und hinuntergetanzt werden musste. Lene und ihre Freundin Doris, beide ohne Partner, hatten das Glück, dass am Anfang des 19. Jahrhunderts sich der später üblich gewordene Tanz von Einzelpaaren noch nicht eingebürgert hatte. Auf der anderen Seite war die Zeit des von Paaren ausgeführten Menuetts der Barockzeit in Frankreich schon mit der Revolution – in Deutschland durch die vielen kleinen Fürstenhöfe etwas später – aus der Mode gekommen. So wurden die Mädchen oft auch nicht von einzelnen Herren eingeladen und zum Tanz geführt, sondern als Teilnehmerinnen an einem gemeinsamen Tanzvergnügen von Organisatoren der Veranstaltungen dazu gebeten.
Es gab bei den Bällen die Form des Reigentanzes als Kreisreigen, aus dem englischen „Country dance" übernommen, in Frankreich „contredanse" genannt, in Deutschland „Contretanz", wobei sich vier Paare gegenüberstanden, oder auch den Frontreigen, wie Lene ihn beschreibt, wo man mit wechselnden Partnern die Reihen entlangtanzte. Zu den üblichen Tänzen gehörte auch der Cotillon mit „Rundgang" und „Tour", bei dem bekannte Tänze wie Polka, Galopp, Walzer, Mazurka gespielt wurden und sich immer neue Tanzformationen bildeten, manchmal von Pfänderspielen unterbrochen.[57] Hertling[58] verweist auf eine Stelle in Storms Gedicht *Hyazinthen*, in der der gemeinschaftliche Reihentanz auftaucht:

Es hört nicht auf, es ras't ohn' Unterlaß,
Die Kerzen brennen und die Geigen schreien,
Es teilen und es schließen sich die Reihen,
Und Alle glühen, aber du bist blaß.[59]

Fridlib ist als einziger mit diesem Namen Verzeichneter vielleicht der Medizinstudent Thomas Friedlieb, der laut „Einwohnerbuch" in der Nähe in der Dänischen Straße wohnte. Wahrscheinlich ist er verwandt mit dem Medizinprofessor Ernst Friedlieb (1815–1866), der ein Vetter 2. Grades von Theodor Storm war und dessen Ehefrau Laura aus Husum stammte. Die Friedliebs werden oft in Stormschen Familienbriefen erwähnt. Zu *die Hensler* siehe S. 30. *Großvater* und *Großmutter* sind der 83-jährige Friedrich Woldsen väterlicherseits und die 67-jährige Elsabe Feddersen von Mutters Seite. *Jasper* ist der öfter erwähnte Kutscher der Woldsens.

Lenes Fortschritte im Französischen erkennt man daran, dass sie „Madame" in der Adresse jetzt mit „e" schreibt!

Zwischenspiel

Am 1. Weihnachtstag 1808 schreibt Anna Stuhr ihrem Sohn Nicolaus Jacob, der sich jetzt immerhin schon von Archangelsk nach St. Petersburg begeben konnte, über einen Agenten einen ausführlichen Brief, der Jacob auf der Rückreise in Hamburg erwarten soll. Sie freut sich, *dass Du jezt die Welt mit einem so frohen Blicke ansiehst,* [...] *ich weiß es den schönen und liebenswürdigen Petersburgerinnen dank, daß sie Seele und Körper bey Dir in Bewegung gesetzt haben, und sehr gerne bringe ich der guten Madame Meyern* [Frau des dänischen Konsuls] *meinen schriftlichen Dank dafür. –*
Dein Vater ist froh darüber, daß Du allenthalben so gut aufgenommen bist [...], *doch wünsche ich, daß der künftige Monat erst vorüber wäre, weil er darin außerordentlich große Ausgaben hat, und es ihm seiner vielen Versendungen wegen an Ein<n>ahmen fehlt, – und Du weißt, daß er alsdann zuweilen ernsthaft ist, bis eine solche Zeit vorüber ist, – doch wird es hoffentlich nicht so arg werden,* [...].
Es wird arg werden und immer ärger, bis der dänische Staat 1813 Bankrott anmelden muss, Norwegen an Schweden verliert und die Wirtschaft in den Herzogtümern mit in den Abgrund reißt. Am härtesten ist die Stadt Flensburg mit ihrem wichtigen Seehandel und den stärksten Verbindungen nach Norwegen und Grönland getroffen. Peter Clausen Stuhr macht sich als weitblickender Reeder und Kaufherr zu Recht große Sorgen. Außerdem lastet die französische Besatzung, über deren Offiziere die Mutter nicht nur Gutes zu berichten weiß, noch immer schwer auf dem Land. Nach den späteren Befreiungskriegen wird es die russisch-preußische sein. Eine Heirat des ältesten Sohnes in eine wohlhabende Familie und eine Übernahme des gerade erworbenen Besitzes in Friedrichstadt wird immer dringlicher.
Aus Kiel weis ich Dir blos die Nachricht zu melden, daß die W. gesund, und sehr munter seyn soll, – Deine Gesinnungen, die Du in einem Briefe aus Petersburg äußerst sind sehr richtig, und ich freue mich, daß Du in einer so wichtigen Sache so bestimmt denkst. – Die Vorsehung wird alles zum besten lenken, – bald sagen wir hierüber uns auch mündlich mehr, und ich hoffe, Dich noch recht glücklich zu sehn, wenn Du nur Deine muntere Laune mit zu uns bringen willst, – ohne diese ist man für kein Glück empfänglich.
Es folgen 13 [!] Namen, bei denen der Sohn in Hamburg Visite machen soll, um für sein späteres Leben als Kaufherr und Fabrikant Geschäftskontakte zu knüpfen; darunter ist der von Madame Alsen geb. Woldsen in Altona bekannt. Sie ist die Schwester Lucia von Simon Woldsen und gleichzeitig eine Kusine von Anna Stuhr. – Eine weitere, halb scherzhaft gemeinte Bemerkung der Mutter lässt Zweifel aufkommen, ob die anvisierte Braut Lene vielleicht doch noch durch eine bessere Partie ersetzt werden könnte:
Eine sehr hübsche Kousine von uns, eine Tochter von Christ. Albrecht Woldsen [Bruder von Simon Woldsen], *ist noch bey einem Oheim, einem Kaufmann Clausen, (wo ich nicht irre)* [wahrscheinlich der Clausen, mit dem Lenes Verwandte Heina geb. Marxen aus Oldenswort verheiratet ist], *um da in einer Pensions-Anstalt ihre Erziehung zu vollenden. – Vielleicht könntest Du Gelegenheit nehmen, einen Besuch als Verwandter oder als Kaufmann zu machen, dieser Mann hat bey guten Zeiten sein Com<p>toir in Tönningen, wo er sehr große Geschäfte macht. Zu gleicher Zeit könntest Du die Bekanntschaft der schönen Kousine machen, da Du doch ein so besonderer Freund schöner Kousinen bist. –*

Diese Kusine Lucia (wie Lene 2. Grades und ebenfalls 17 Jahre alt) scheint schon vergeben zu sein, denn zwei Jahre später heiratet sie den in Bordeaux ausgebildeten Husumer Kaufmann Christian Homann. Dessen Mutter schreibt übrigens in einem Brief aus Husum am 27.8.1809 an den Sohn in Frankreich: *Die älteste Tochter von Simon Woldsen soll nun den jungen Stuhr heiraten. Ich mag ihn gar nicht leiden, er ist ein wahrer Mohr.*[60]

Brief 5

Frau Rathsverwandtin Feddersen
in Husum
Husum [versehentlich statt Kiel] *d 27 De 1808*

Gute Großmutter

Recht vielen hertzlichen Dank für Ihren lieben mütterlichen Brief; Freude und Trauer war beym Empfang desselben bey mir getheilt, die Krankheit meiner guten Mutter, und die Unpäslichkeit von Ihrer Seite machten mich das muß ich gerne gestehn recht ein bischen unruhig, ich habe schon so lange Zeit für den bösen November gefürchtet, es ist der Monath der uns allen so viel raubte, und der bey unserer guten Mutter besonders so unvertilgbare Spuren zurückgelassen hat. Seit sehr langer Zeit habe ich keine Nachricht vom Hause gehabt, ist das nicht unrecht? ich weiß daher gar nicht wie jezt die Gesundheitsumstände meiner guten Mutter lauten, wäre ich ein verzognes Kind, so würde ich gewiß von der bösen Krankheit, die man Heimweh zu nennen pflegt, befallen werden.
Vor einiger Zeit wurden wir und unsere gute Doris besonders auf eine sehr angenehme Weise überrascht. Es war den Abend gegen 7 Uhr, wir saßen alle beym Thee mit noch 2 guten Freundinnen mehr die mich und Doris besuchten, und waren in freundschaftlichen traulichen Gesprächen so recht vertieft, als sich auf ein mal die Nebenthüre öfnet, und Doris ihr Vater und ihre Zwillings-Schwester Marie eintreten, Sie glauben gar nicht wie rührend der Auftritt war die beiden Schwestern lieben sich so unaussprechlich und waren schon so lange Zeit getrennt gewesen, in der Marie lernte ich in den paar Tagen ein eben so gutes Mädchen kennen wie meine Doris ist, sie machte noch am 22ten einen Ball mit zu dem wir eingeladen waren, und wo wir 3 Mädchen zusammen uns recht königlich amüsirten, das würde eine Freude seyn, wenn der gute Vater mich auch ein mal so überraschte, doch daran darf ich gewiß gar nicht denken, zu einer solchen Reise im Winter entschlöße Vater sich gewiß gar nicht --.
Was sagen Sie zu dem kalten Wintersmann? beynahe machts er's doch ein bischen gar zu arg, hier wissen sich die ältesten Leute seit langer Zeit einer solchen Kälte nicht zu erinnern, solte er wohl eben so ausverschämt in Husum wie in Kiel seyn? Wie haben Sie denn die Festtage zugebracht? vermuthlich in der Familie, so wie gewöhnlich, nicht wahr? wir unserer Seits haben in diesen Tagen auch keine Geselschaften besucht. Nun ist der Umschlag mit allen seinen Merkwürdigkeiten, und seinen vielen Zerstreuungen auch schon vor der Thüre, ich freue mich recht darauf ihm bey wohnen zu können, nur wünschte ich daß meine [!] *Frost zu der Zeit sich ein bis-*

chen empföhle, das sind doch solche ungebeten Gäste, die man in einer solchen Zeit sehr ungerne sieht, meine Füße tanze ich mir gesund, aber meine Hände sind so dick, und thun mir so weh wie ich fast noch nie zu erinnern weiß. Die Geschichte von dem kleinen Nickelsen habe ich mit Rührung gelesen, das muß auch auf Mutter einen sehr starken Eindruck gemacht haben, da er der Spielcamerad von unserm guten Christian war –.
Schließlich wünsche ich noch zum bevor stehenden Neuenjahre recht herzlich viel Glück und Seegen, der Himmel lasse Sie noch recht lange zu unserer aller Freude in unserer Mitte leben. In unserem Hause bitte ich recht viele Grüße zu bestellen von Ihrer Sie stets achtenden

Lene Woldsen

*

[außen von anderer Hand]: *Hierin nichts Verordnungswidriges. Kiel den 27 Dec G. Holst 1808*

Durch den Brief der Großmutter hat Lene endlich von der anscheinend schweren und langwierigen Krankheit der Mutter erfahren, mit der ein psychischer Zusammenbruch einhergegangen sein könnte. Nun hat das junge Mädchen auch die Erklärung dafür, warum anstelle der Mutter die Großmutter zweimal geschrieben hat. Aus Lenes Antwortschreiben und der Erwähnung des *guten Christian* am Ende des Briefes geht hervor, dass es der Sohn der Woldsens und Lenes Bruder war, der im November 1806 gestorben ist, und dessen Tod bei der Mutter *unvertilgbare Spuren zurückgelassen hat.* Zumal die Woldsens bei ihrem Christian Friedrich sicher gehofft hatten, wenigstens dieser Junge werde als Stammhalter der Familie und potenzieller Erbe des Unternehmens das Erwachsenenalter erreichen, denn er ist immerhin sieben bis acht Jahre alt geworden. Bei der Volkszählung im Februar 1803 ist er als Vierjähriger aufgeführt.
Doch nicht nur dieses furchtbare Unglück hat die Familie im Vorjahr getroffen. Im Stuhrschen Nachlass fand sich ein Brief, den Frau Christiane Homann an ihren Sohn Christian in Bordeaux[61] am 24.1.1807 schickte. In einer Kurzfassung der Ereignisse und Todesfälle in Husum aus den letzten Monaten schreibt sie: *Simon Woldsen hat seine beyden ei<n>tzigen Söhne verlohren. Steman sein Ältester Sohn und Vetter Nickelsen seine jüngste Tochter sind auch gestorben.* Also ist etwa zur gleichen Zeit wie der Bruder Christian auch der kleine Simon gestorben, drei oder vier Jahre alt, an dem das Herz der Mutter ihr Leben lang so hing, wie Storm es in der erschütternden Szene vom Besuch in der Familiengruft schilderte. Auch manch andere Husumer Kinder sind damals gestorben, sodass vermutlich wieder eine der ansteckenden Kinderkrankheiten gewütet hat, gegen die man keine Heilmittel kannte. *Nickelsen* ist der Kaufmann Johann Nickelsen, der anscheinend auch seinen Sohn Lorenz, den Freund von Christian Woldsen, verloren hat, und dazu nun auch noch seine jüngste Tochter.
Lene erwägt erneut den Gedanken, da niemand sich von zu Hause aus so recht um sie zu kümmern scheint, sich *die böse Krankheit, die man Heimweh zu nennen pflegt*, zuzulegen. Es ist erstaunlich, dass das erste in so jungen Jahren in der Fremde verbrachte Weihnachtsfest die Sehnsucht nach Zuhause nicht bei ihr hervorgerufen zu haben scheint. Allerdings wurde im frühen 19. Jahrhundert Weihnachten nicht die gefühlsmäßige Bedeutung zugemessen, die es schon von der nächsten Generation an erhielt. Lenes Großnichte Gertrud Storm hat ausführlich beschrieben, wie ihr Vater Theodor das Fest förmlich zelebrierte.[62] Nicht umsonst stammt von diesem ei-

nes der bekanntesten deutschen Weihnachtsgedichte, das Generationen von festlich geputzten Kindern unterm Tannenbaum mehr oder minder freiwillig aufsagten: *Von drauß', vom Walde, komm' ich her ...*
Lene, für ihr frohes Naturell typisch, wendet sich lieber vom Heimweh ab und angenehmeren Dingen zu, wie dem Besuch, der bei Freundin und Mitbewohnerin Doris aufgetaucht ist. Besonders aber den erwartungsvollen Gedanken an den in den Herzogtümern und Jütland weithin bekannten, schon seit dem Mittelalter bestehenden großen Markt, zunächst für Geldgeschäfte des Adels gedacht, dann auch für das aufstrebende Bürgertum und zusätzlich für zahlreiche andere Geschäftszweige: den „Kieler Umschlag". Er fand regelmäßig vom 6. Januar an zehn Tage lang statt, in der Neuzeit teilweise sogar bis zum 2. Februar.[63]
Ein kleiner Wermutstropfen fällt aber doch in die Freude des jungen Mädchens auf den „Umschlag": Lene leidet in diesem eisigen Winter unter schmerzhaften Frostbeulen an Füßen und besonders Händen. Diese Beschwerden sind Durchblutungsprobleme, die durch feuchte Kälte bei mangelnder Bekleidung und schlechter Wohnungsbeheizung an den Extremitäten hervorgerufen werden. Klavierspielen oder Handarbeiten wird mit schmerzhaft geschwollenen Händen schwierig geworden sein, ebenso wie das Schreiben, das ihr aber noch erstaunlich gut gelingt. Und was die schmerzenden Füße angeht, so heißt es lustig, dass sie sich ihre Füße schon gesund tanzen werde!

Brief 6

Frau Rathsverwandtin Feddersen in Husum
frey
Kiel den 10 Jan <1809>

Recht hertzlichen Dank gute Großmutter für Ihr schönes Geschenk, ich ward sehr angenehm dadurch überrascht, noch angenehmer war es mir das<s> meine Kasse gerade jezt einen Zuwachs erhielt, denn der Umschlag mit allen seinen schönen Sachen, hat doch für ein junges Mädchen zu viel verführerisches, als daß man nicht etwas, wäre es auch nur eine Kleinigkeit, davon kosten solte, Sie glauben gar nicht was für schöne Sachen ich schon gesehn habe, man muß wirklich sehr standhaft seyn, wen<n> man alles das gleichgültig ansehn soll.
Besonders lebhaft ist es hier übrigens noch nicht, ich denke daß sich das zum 12 <ten>, wo die lebhaftesten Tage angehn, sammeln <wird>, der Vater, die Schwester und der Oncle von der Tante sind Freitag in dem fürchterlichen Wetter hier angekommen und werden hier einige Zeit verweilen, der alte Andersen und Oncle Brak, haben mir beide recht viele Grüße an den guten Vater aufgetragen, sie erinnern sich seiner noch mit vieler Freundschaft. Die Pröpstin habe ich Sontag bey Schraders gesprochen, sie so wie Stubbe, der diesen Abend einge Stunden bey uns zugebracht hat, geben mir die beste Nachricht von Mutter ihrer Gesundheit, wie gar zu gerne ich diesen Glauben beymesse, können Sie leicht denken, ich bin ganz entsetzlich unruhig gewesen, besonders, wie Mutter mir ihre Krankheit erzählte, ich glaubte keineswegs daß es so gefährlich war. Grüßen Sie meine gute Mutter recht, recht hertzlich von Ihrer

Lene Woldsen

*

[außen von anderer Hand]: *Hierin nichts Verordnungswidriges.*
Kiel den 10.1.1809 G. Holst

Es ist rührend, wie Großmutter Feddersen sich in das junge Mädchen hineinversetzt und dessen Taschengeld mit einer Geldsendung aufbessert, damit ihre Enkelin sich beim Bummel über den „Umschlag" etwas Schönes gönnen kann. Sicher ist das Geld auch ein Geschenk zu Lenes 18. Geburtstag, der am 13. Januar bevorsteht. Bei der Familie Holst ist schon viel Besuch zu dem großen Ereignis des Umschlags aufgetaucht, auch Freunde Vater Woldsens sind dabei. Mutter Magdalena hat vielleicht einen Zettel mit einem Bericht über ihre gefährliche Krankheit beigegeben; ein eigener Brief dazu liegt nicht vor.

Schraders meint vielleicht die Familie des Advokaten Albert Schrader, die einzige dieses Namens im Einwohnerbuch von 1803. *Stubbe* ist der bei Schumacher[64] erwähnte Lehrer Hans Jürgen Stubbe, der in Husum bis 1798, dann in Tönning und schließlich in Kiel als Rektor an der Lateinschule tätig war. So ist dieser Name der Großmutter auch vertraut.

Brief 7

Madame Woldsen in Husum

hiebey ein Packen <u>durch Güte</u>
Kiel d 12 Januar 1809

Da ich in dieser Stunde grade Ruhe und Muße habe, so fange ich einen Brief an dich gute Mutter an, obgleich, so wie Bruhn mir so eben sagt, sie am Sonnabend erst Kiel verlassen werden, mit ihm erhältst du alle, alle Sache<n>, bey dem Kleide bin ich aber recht ängstlich, ich glaube kaum daß es dir gut sitzen wird denn ich weiß mich nie zu erinnern, daß dir ein Kleid beym ersten Anpassen gut gesessen hätte, und dieß habe ich ja nun so aufs grade Wohl genäht. Vater sein Futterhemd ist in der Wäsche mal hübsch geworden, ich hoffe daß es ihm gefallen wird, Holst versichert wenigstens, daß er jezt gar nicht ohne diesen Unterkleidern seyn kann.
Mein gelbes Kleid ist nun zum ersten male gewaschen und hat sich gar nicht besonders gehalten, der lilla Streif ist fast gar nicht zu sehn. Recht vielen Dank für die erhaltene<n> Sachen, Bruhn und der Kriegsrath überbrachten mir den Packen selbst, den gestrigen Abend, haben Stubbe und Bruhn bey uns zu gebracht, der Kriegsrat ließ sich entschuldigen, Stubbe war in einer so muntern Laune, daß er nicht merkte daß die Uhre schon über 12 war. Alle Husumer die ich nur habe packen können haben mir von dir und deinen Gesundheitsumständen erzählen müssen, und da alle Nachrichten auf dem Punkt zusammentrafen, daß du jezt ziemlich wohl seyst und daß nur blos die kalte Witterung deine völlige Genesung zurückhalte, da war ich fast ganz beruhiget, denn

aufrichtig gesagt, deinen eignen Nachrichten traue ich so recht nicht, du könntest mich vileicht nur mit einer falschen Hofnung schmeicheln wollen. Vorigen Post<t>ag habe ich auch an Großmutter und Großvater geschrieben und meine Danksagung wegen des erhaltenen schönen Geschenkes abgestattet, meinen Dank an den guten Vater wirst du ihm wohl sagen, die Zeit ist mir zu kurtz sonst würde ich auch an ihn schreiben.

Nun ist der Umschlag in seinem besten Flor, man sieht täglich Fremde in unsere Residenzstadt hinein fahren, das alles gefält mir sehr gut, denn du weißt wohl, daß ich eine große Menschenfreundin bin. Vater hat sich also nicht entschließen können zu kommen, ich zweifle gar nicht daß es ihm hier nicht gefallen würde, daß ihn die Langeweile nicht quäle, dafür solte er nur uns junge Leute sorgen lassen. Nun haben wir auch die Comödien, nur schade daß sie so theuer sind, sonst würden Doris und ich sie gewiß öfterer besuchen, jedes Billet kostet 2 Mark. Mittewochen sind Doris und ich mit unsern Freundinnen, mit Niemanns, dahin gewesen, man gab Klara von Hoheneichen. Eilarius und seine Frau spielten ganz erstaunt gut, die andern mit Unterschied, besser und schlechter, eine Actrisin ist hier, die ihrer Schönheit wegen algemeines Aufsehn erregt, eine Madame Schreier, Doris und ich haben uns vorgenommen sie zu sehn, wenn sie spielt wollen wir hin, obgleich ihr Spiel elend seyn soll, so wollen wir uns doch an ihren Reitzen ergötzen.

Soeben hat die Pröpstin uns verlassen, die uns mit einer sehr traurigen Nachricht bekant gemacht hat, nemlich die, daß Großvater Marxen gestorben sey, ich kann es aber kaum glauben, obgleich Tetens aus Tönning es bey Schraders erzählt hatte, es sind noch nicht 8 Tage daß ich einen Brief von Gretchen <Marxen> erhielt, in dem sie mir gar nicht von seiner Krankheit erzählte. Im Gegentheil schrieb sie, daß er vileicht zum Umschlag kommen würde, wenn ich dem Gerüchte Glauben beymessen muß, so bedaure ich niemand mehr als die arme Gretchen, die doch noch unversorgt ist, daß das nun auch doch grade in der Zeit kommen muß, da Clausens hier sind, Gretgen schrieb mir daß sie mit ihnen nach Hamburg zurückreisen würde und das nemliche habe ich auch von Heina erfahren, die armen Schwestern, das ist ein trauriger, sehr trauriger Vorfall, dabey wird Lucie Woldsen auch sehr leiden sie hielt so viel von dem Großvater, laß mich doch auch Gewißheit darüber erhalten, es geht mir ja doch auch an.

Heute erwarten wir auch noch den Bruder von der Tante, Herr<n> Radebertz [Rodeberz] *aus Flensburg, unser Haus gleicht fast einem Wirthshause, so viele Fremde laufen immer aus und ein, von dem alten Andersen und Jule Bark aus Flensburg habe ich recht viele Grüße an Vater. Aber weißt du schon daß Anne Lillie Braut ist? Ein junger Rickertsen ist der glückliche, die Doctorin ist nach ihren Briefen zu rechnen voller Wonne, die Parthie soll sehr vortheilhaft seyn aber Anne ist noch so entsetzlich jung sie zählt noch keine 17 Jahr. Der Bräutigam kommt erst seit eingen Wochen von Frankreich zurück und soll ein braver und hübscher junger Mann seyn. Ich habe mir gestern eine sehr hübsche Spitze im Hals gekauft zu 5 Schillinge die Elle, alle finden sie sehr preiswürdig, ich habe mich zu allen Bällen mit der schmalen beholfen, du weißt wohl die mit der groben Kante.*

Grüß alle, und denke recht oft an deine Tochter

Lene Woldsen

eilig

Ein Packen durch Güte heißt, dass eine Privatperson so freundlich ist, das beiliegende Paket zum Zielort mitzunehmen. Es ist erstaunlich, wie Lene die darin befindlichen Sachen in all dem Trubel um den „Umschlag" fertigstellen konnte. Dass die Herren Futterhemden unter dem Oberhemd trugen, ist bei den Temperaturen damaliger Winter verständlich.

Trotz der Eiseskälte und der Frostbeulen genießt das junge Mädchen *unsere Residenzstadt*, wie sie schon stolz schreibt, in vollen Zügen. Durch die Husumer, die sie gesprochen hat, ist sie genau vom Gesundheitszustand der Mutter unterrichtet worden. Traurig ist sie über den Tod des Großvaters Marxen, den sie von langen Aufenthalten in Oldenswort bei ihren einige Jahre älteren Freundinnen Heina (die jetzt Clausen heißt und mit ihrem Mann in Hamburg lebt) und Gretchen Marxen gut kennt. Gretchen hat anscheinend keine Eltern mehr und ist nun „unversorgt", d. h. unverheiratet.[65] Merkwürdig ist in diesem Zusammenhang, dass Lene ihre kleine Schwester in einem Brief an die Mutter mit Vor- und Nachnamen bezeichnet. Allerdings mutet es heute auch seltsam an, dass sie alle Familienbriefe stets mit ihrem vollen Namen unterzeichnet.
Ansonsten ist der „Umschlag" mit seinen zahlreichen Besuchern eine herrliche Sache für eine *Menschenfreundin*, wie die Schreiberin sich selbst nennt. Zu allem Überfluss werden abends von fahrenden Schauspieltruppen Theaterstücke aufgeführt, man geht zur „Comödie". Das Theater befand sich im ehemaligen Ballhaus, das in der Barockzeit für die Leibesübung des Ballschlagens gedient hatte. Es war als „Opern- und Comödienhaus" mit Bühne und Zuschauerraum ganz neu 1764 errichtet worden und erhielt dahinter einen großen Ballsaal, mit Eingang von der Torstraße.[66] Mit ihren Freundinnen hat Lene hier „Klara von Hoheneichen" gesehen, „Ein Ritterschauspiel aus dem 15. Jahrhundert in vier Aufzügen", 1790, von Christian Spieß (1755–1799), einem Verfasser eher trivialer Romane und Dramen. Mit der Ritterthematik greift der Autor ein zu seiner Zeit beliebtes Motiv auf, wie Goethe mit „Götz von Berlichingen" oder Kleist mit „Das Käthchen von Heilbronn". Immerhin wurde die „Klara" unter der Theaterdirektion von Goethe zehnmal in Weimar vor einem verwöhnteren Publikum gespielt.[67]
Lene schreibt diesen Brief am Vorabend ihres 18. Geburtstages. Sie ist damit zwar nicht volljährig; das war man erst mit 21 Jahren, auf jeden Fall aber eine heiratsfähige junge Frau, die im Falle einer Eheschließung aus der Vormundschaft oder Kuratel des Vaters in die des Ehemannes übergehen würde, die auch nach ihrem Mündigwerden gültig wäre. So sind ja auch die Briefe an ihre Mutter, wenn von der Post befördert, stets an die Adresse des Vaters gerichtet. Eine Frau konnte also per Post keine vertraulichen Schreiben unkontrolliert entgegennehmen.

Brief 8

Madame Woldsen
add. Herrn Simon Woldsen in Husum
Kiel d 22 Januar 1809

Also ist die Nachricht von dem Tode des guten Großvaters doch würklich gegründet, ich wolte den Gerüchten erst gar nicht traun bis ich sie in den Zeitungen, leider nur gar zu gewiß gegründet fand, *die arme Gretchen, wie <sie> sich wohl darin findet; sie hielt so unaussprechlich viel von dem Vater das muß sie tief beugen, bleiben sie nun den ganzen Winter noch in Oldensworth und hängen da miteinander ihren traurigen Gedanken nach? das wäre gar nicht vernünftig, ich habe mich noch nicht überwinden können an sie zu schreiben, den<n> wenn wir recht vertraut miteinander über solche Dinge gesprochen haben so sind wir immer darüber einig geworden, daß in solchen Fällen Briefe von unsern Freunden die uns in unserm Glück kanten, unsern Schmertz erneuern und immer stärker machen, aber nun will ich doch mit dem ersten diese traurige Pflicht erfüllen.*

Die Sachen die du zu haben wünschtest habe ich so gut es mir möglich war besorgt, die gute Doris hat mir bey(m) der Wahl derselben treulich geholfen, wenn sie nun nur nach deinem Geschmack sind, wegen den Kanten bin ich bey allen Kaufleuten gewesen, die sind aber, ich weiß nicht warum, gar nicht zu haben, bis ich sie endlich bey einem Juden fand der aber auch nur das eine Stück hatte, sie sind ohngefähr gute 3 Finger breit, ich habe 8 Ellen genommen, und für die Elle 18 Schilling gegeben. Wegen der braunen Feder bin ich bey allen Putzhändlerinnen gewesen, konte aber nirgends eine passende Farbe finden, weil auf braunen Hüten nur weiße Federn gebraucht werden, eine solche habe ich dir genommen, mir däucht daß sie recht hübsch ist ich habe 8 Schilling dafür gegeben, Schwungfedern sind freilich hübscher aber dafür fodern <fordert> man in allen Putzläden 5 und 6 Reichstaler und das macht den Hut ja doch zu theuer, ein sehr hübsches Tuch habe ich gekauft, ich glaube noch nicht, daß ihr sie in Husum gesehn habt, und soll ich aber noch eines haben, es war das einz<ig>e das Weber hatte, und Bassing verlangt für eines von derselben Art 2 Species<taler> für das ich bey Weber nur 5 Schillinge gegeben habe. Fast fürchte ich aber daß ich es geben muß, den<n> es ist bey niemand anders als bey ihm zu haben.

Die Stenhusen hat mir versprochen es mir sagen zu lassen wenn sie abreist, und es dann von Schleswig auf Husum zu spedieren, wenn sie nun nur Wort hält – so erhälst du die Sachen recht bald, aber soll ich das ausgelegte Geld nicht wiederhaben, gute Mutter. Nun will ich dir auch sagen was ich mir zum Umschlag spendirt habe, 3 Elle Spitzen im Hals zu setzen, du weißt daß ich die nöthig hatte, denn alle meine Spitzen sind zu dem Gebrauch zu kurtz, ein recht hübsches Perlen-Diadem auf dem Kopf, und 7 Elle graues Band zum Kreutzband. Nun ist der Umschlag mit allen seinen Freuden aber auch dahin, Montag verlassen uns auch die Schauspieler, Doris und ich haben sie nur 4mal besucht, denn zum öftern Hingehn ist das Vergnügen zu theuer, gester<n> Abend waren wir zum letztenmal da, man gab die Jäger, Madam Breyther spielte mit vielem Beyfall, fast alle spielten recht gut, Abälino, die Zaubertrommel und Clara von Hoheneichen haben wir schon vorher gesehn. Lucie Warnstedt ihr Mann ist so gütig gewesen mir bey seinem Hierseyn zweymal seinen Besuch abzustatten, er erkundigte sich nach Aufträgen nach Hamburg und Altona, ich wußte aber keine und dankte ihm für seine Aufmerksamkeit.

Diesen Abend soll ich wieder tanzen, es ist wieder

Abb. 12: Friedrich Carl Gröger, König Frederik VI., 1808 (Beschreibung des Porträts auf S. 28)

Ball in der Harmonie, ich freue mich recht dazu, es wird aber entsetzlich voll werden denn denk dir, 44 tanzende Damen sind da und nun noch alle die Mütter von diesen Damen, man sagt daß er sehr briljant werden wird, Doris und ich nehmen wieder unsere weißen taftene<n> Kleider und unsere grünen Scherpen um; ich habe mein Diadem und unten herum den grünen Blätterkranz mit dem ich schon das erste mal paradirte, der ganze Ball besteht fast aus lauter adlichen <Adeligen>, ich fürchte daß das sehr steif und genirt wird.

Morgen Mittag als an dem Geburtstage des Königs läßt die Königin alle armen speisen was sie auch schon vor einger Zeit am Geburtstage der kleinen Prinzessin[68] gethan hat, morgen Abend wird die Stadt wieder sehr hübsch erleuchtet. Abends ist Apertement bey Hofe, und Son<n>tag ist im Ballhause Conzert und eine dänische Rede[69] und nach diesem Assemblee. Diesem Kram werden wir aber nicht beywohnen.

Mit der Gesundheit der guten Elsabe hoffe ich wird es sich wieder gebessert haben, so wie deine völlige Genesung auch wieder heranrückt, was wird das für eine Freude für mich seyn wenn du mir schreibst, daß du zum ersten mal wieder aus dem Hause gewesen bist. Ich bin gotlob so gesund wie ein Fisch im Wasser, nur habe ich mit meinem Gesichte zuweilen ein kleines Malheur, das auf der einen Seite dicker wird wie ich es wünsche, ich kann die strenge Winterluft gar nicht leiden, vor einigen Tagen waren wir bey dem schönsten Wetter übers Eis nach Dorfgarten gegangen, und wie ich zu Hause komme da hat die eine Seite meines Gesichts eine solche Korpulenz angenommen, daß ich davor erschrecke, wenn ich mich dann nur einige Tage recht warm in der Stube halte so ist alles wieder gut. Alle meine Hausgenossen lassen sich auch recht herzlich empfehlen, grüße alle von deiner

Lene Woldsen

eilig

[außen auf dem Brief über der Anrede „Madame Woldsen" in der Adresse]:
Was denkst du wohl gute Mutter, von diesem Brief, der muß in keine guten Hände gewesen seyn, aber so gehts, ich hatte ihn den Morgen geschrieben wie ich den Abend zum Ball solte, und da ward in der Freude dein Brief vergessen den Abend abzuschicken, nun reist die Steenhusen morgen als den 1 Februar nach Schleswig und hat mir versprochen, es sogleich bey ihrer Ankunft Schuhmann zu übergeben, wenn sie nun nur Wort hält. Es war mir nicht möglich ein ähnliches Tuch zu bekommen, den<n> wie ich mich entschloßen hatte bey Bassing das zu geben, hatte er schon eingepackt, nun habe ich eins bey Weber genommen das ungleich hübscher aber auch viel theurer ist, ich habe gedacht, wenn die beiden sich das theilten und du das grüne behältst, für das korn<blumen>blaue habe ich 13 Schilling bezahlen müssen, das ist entsetzlich theuer.

[weiter unten außen unter der Adresse]: *Wilst du uns nicht einmal bey Gelegenheit in dieser Schachtel zurück etwas Pann-Zucker schicken, wir essen es alle so außerordentlich gerne, und in unserm Hause weiß ich ja doch daß er ist. –*

*

[außen seitlich von anderer Hand über den Text geschrieben]: *Hierin nichts Verordnungswidriges Kiel Jan 29. 1809 G. Holst*

Diesem Brief sieht man die Hektik an, in der Lene ihn mit feiner Feder schwer leserlich aufs Papier gekritzelt hat. Es ist ja auch viel, was sie zu erzählen hat: Sie muss endlich einen Beileidsbrief an die Schwestern Marxen in Oldenswort schreiben. Sie ist mit ihrer Freundin und Mitbewohnerin Doris durch die Stadt gelaufen, um modische Aufträge der Mutter zu besorgen, Dinge, die es so in Husum nicht gibt. Sie erinnert daran, dass sie das Geld nur ausgelegt hat, darum gibt sie die genauen Preise der Waren an. Sich selbst hat sie vom eigenen Etat auch etwas gegönnt, denn, und daher wohl die Aufregung: Am Abend ist Ball in der „Harmonie" mit 88 [!] Damen, denn fast alle jungen Mädchen werden aus Anstandsgründen von ihren Müttern begleitet.
Lene hat sich Spitze gekauft, die sie noch um den weiten Ausschnitt ihres Empirekleides setzen will, Kreuzband für die Tanzschuhe und als Krönung ein Perlendiadem, das über einem Blätterkranz zu einem weißen Taftkleid mit grüner Schärpe getragen werden soll. Weiße Kleider fand man überwiegend bei wohlhabenderen Kreisen, denn sie mussten häufig gewaschen werden. Auf Abbildungen der Zeit ist zu sehen, dass es sich hier um eine typische Ausstattung für ein Tanzvergnügen bis etwa 1815/1820 handelt, wo die Mode dann in den Biedermeierstil übergeht. Die Bemerkung über die „adlichen" beweist: Die Schicht des höheren Bürgertums dringt jetzt zunehmend in die Bereiche des Adels vor, der seine strikte soziale Abgrenzung allmählich aufgibt. Immerhin betont das Königtum noch seine spezielle Stellung mit der Illumination der Stadt und der Speisung der Armen an des Königs Geburtstags.

Bei *Apertement bey Hofe* scheint es sich um einen Empfang in den Königlichen Appartements, einer Zimmerflucht im Schloss, zu handeln. Das Konzert im Ballhaus, die Rede und die *Assembleé*, also Zusammenkunft, tut die Schreiberin mit *Kram* ab. Sicher sind hier sowieso nur Leute vom Hofe und von sonstiger Bedeutung eingeladen. Der Markt ist zu Ende gegangen und damit sind auch die wandernden Schauspielertruppen weitergezogen. Lene hat außer der schon im vorherigen Brief erwähnten „Klara von Hohenhausen" noch das Stück „Die Jäger. Ein ländliches Sittengemälde in fünf Aufzügen" (1785) des in erster Linie für seine Schauspielkunst berühmten August Wilhelm Iffland (1759–1814), gesehen und von Heinrich Zschokke, dem Schweizer Aufklärer, Politiker und Bestsellerautor (1771–1848), „Abällino, der große Bandit" (1795), mit dem der Autor einen eigenen, im Stil der Räuber- und Schauerromantik verfassten Roman dramatisierte.[70] Zum letzten im Brief genannten Stück, „Die Zaubertrommel" waren keine Informationen zu finden. Auf jeden Fall lässt sich sagen, dass den Kielern relativ neue, publikumswirksame Stücke in dichter Folge geboten wurden.
Sorgen sollte den Eltern in Husum machen, was Lene, die ja schon im September (Brief 2) über ihr Frieren klagt und später über Frostbeulen an Händen und Füßen (Brief 5), nun über ihr Gesicht meldet: Es sei auf einer Seite nach einem Spaziergang bei Januarkälte zum Erschrecken angeschwollen gewesen, und die Schwellung habe sich erst nach einigen Tagen im warmen Haus zurückgebildet. Wahrscheinlich handelt es sich hier um eine sogenannte Kälteurtikaria, eine allergische Erkrankung mit Schwellungen, Quaddel-Bildung und Jucken, die erste Beschwerden im jungen Erwachsenenalter macht und Frauen doppelt so häufig wie Männer befällt, meist auf unbekleideten Körperpartien. Die Krankheit kann genetisch bedingt sein und ist auch heute noch schwer zu heilen.

Die Post nach Husum ist im Winter nur einmal wöchentlich befördert worden, denn Lene hat den Brief vom 22. Januar an liegen und erst am 29. Januar von Herrn Holst abzeichnen lassen. Danach behält sie ihn nochmals drei Tage, weil sie von der Abreise einer Bekannten am 1. Februar nach Schleswig gehört hat, die den Brief dort einem Husumer weiterreichen wird. Darum kann sie noch etwas quer über die Adresse schreiben, das Siegel des Pastors aufbrechen und selbst ein bisschen mit Siegellack herumkleckern.
Und unten hin noch einen Wunsch kritzeln, den nach Pann-Zucker. Lenes Vater besitzt eine *Zuckerfabrique*, ist *Zuckerraffinadeur*, und handelt mit verschiedenen Zuckersorten. Hier ist sicherlich der südamerikanische Panela-Zucker gemeint, bei dem der Saft aus dem Zuckerrohr kalt gepresst und geschlagen wird, bis er sich zu einem hellbraunen Granulat wandelt. Panela-Zucker ist vollwertig und auch heute noch zu bekommen. Er wird gern zum Süßen von Getränken und Desserts benutzt und schmeckt angenehm nach Karamell, Honig und Lakritz.

Brief 9

Madame Woldsen
ad. Herrn Simon Woldsen in Husum

durch Güte

Kiel d 14. Februar 1809

Da sich mir eine so gute Gelegenheit darbi<e>tet, so kann ich sie doch ohnmöglich so unbenutzt vorbey gehn lassen ohne an dich, gute Mutter, zu schreiben, sonst kannst du mir sicher glauben daß du heute gewiß noch keinen Brief von mir erhalten hättest. Ich weiß nicht ob ich verrathen oder verkauft bin, in so ewig langer Zeit habe ich keine Nachricht vom Hause gehabt. Holst glaubt auch daß er von Vater vergessen ist, und scheints recht ein bischen übel zu nehmen, jeden Post<t>ag sehe ich mit Ungeduld dem Postboten entgegen, und hoffe immer daß jezt doch gewiß Briefe vom Hause sind, aber immer vergebens.
Ich bin recht besorgt wegen den beiden Packen, das was die Steenhusen mitnahm und das was durch Bruhn wegkam, fast muß ich glauben daß keines von beiden angekommen ist, sonst hättest du mir doch wohl wenigstens den Empfang desselben gemeldet, und ob sie euren Beyfall haben oder nicht, thue das doch nächstens, denn der Werth des letzteren war doch so groß, daß es mir doch nicht gleichgültig seyn kann ob sie verlohren ist oder nicht. Sey so gütig Elsabe in meinem Namen Glück zu ihrem 14ten Geburtstage zu wünschen, nun hast du schon 2 erwachsene Töchter, ich kanns mir kaum denken daß ich schon mein 18<.> Jahr zurückgelegt habe, und doch ist's so. Ach! die Zeit der glücklichen Kindheit und die der Jugend fliegt so schnell, so pfeilgeschwinde vorüber, und kehrt nicht wieder zurück! –
Herr von Raarlef ist so gütig diesen Brief mitzunehmen, er hat sich selbst nach Aufträgen bey mir erkundiget, er hat plötzlich Befehl erhalten Kiel zu verlassen und nach Husum zu kommen, wel-

ches er sehr ungerne gethan hat, an seiner Stelle kömmt Halling hier wieder und der allerliebste kleine Schubi muß Husum verlassen, die armen Jebsens und Lucie Feddersen. –
Denk dir wie unangenehm das für den armen Raarlef ist daß er gerade jezt Kiel verlassen muß. Donnerstag ist Ball im Rathlefschen Hause, wovon er der Directeur ist und wobey er sich so viel Mühe gegeben hat, ihn zu Stande zu bringen, und grade jezt muß er davon, er ist auch so gütig gewesen uns Einladungscharten zu schicken, und hat uns heute noch wieder mündlich gebeten, doch nicht wegzubleiben, das ist doch wirklich sehr artig, da er uns gar nicht weiter kent als daß er uns auf den andern Bällen gesehn hat. Ich verspreche mir aber wenig von diesem denn er wird sehr kostbar <kostspielig>, und so können doch keine andern als vermögende Tänzer daran Theil nehmen und davon giebts hier nicht viele, denn Studenten machen hier doch immer die größte Anzahl aus, jeder Herr muß 4 Reichstaler bezahlen, und dann noch alles was er trinkt, ganz besonders das ist doch nicht jedes Sache, er soll sehr briliant werden, die größten Leckerbissen werden dazu aus Hamburg verschrieben, ich freue mich auf den schönen Saal, wenn nur recht viele Tänzer kommen wollen.
Nun haben wir Donnerstag schon 6mal getanzt, das ist doch genug, haben die beiden Schwestern noch gar keine Bälle gehabt? Das schöne gelinde Wetter dessen wir nun seit einger Zeit geniessen, wird gewiß zu deiner völligen Wiederherstellung viel beytragen, wir gehn recht oft spatziren. Ich bin jezt dabey mir ein Paar kurtze Mull Ermel in mein neues batist Kleid zu sticken, wenn die fertig sind will ich für Großmutter eine recht hübsche Haube sticken, aber sage nichts davon, ich wolte nur nicht die erste Arbeit auf diese Art für andere machen, sonst möchte ich vileicht nur Schande damit belebt haben.
Ist Vater schon von Schleswig zurückgekommen, und hat er sich gut amüsirt? von hier aus sind auch viele Herrn hingereist.[71] *Nun ist hier Montag schon wieder Fasten-Markt, zu dem sich schon wieder recht viele Kaufleute eingestelt haben, wer hier Lust zu kaufen hat für den sind immer die schönsten Sachen da. Lese Tilde bey Gelegenheit doch recht die Leviten, sie hat mir in so langer Zeit nicht geschrieben. Sind Claussens noch immer in Oldensworth? an Gretgen habe ich vor einger Zeit geschrieben, aber noch nicht an Heina, das weiß Gott, das ist eine schwere Pflicht. Hast du Grethchen schon einmal gesprochen, und wie findet sie sich darein?*
Was ist das für eine traurige Geschichte mit Lucie Schröder und dem Schuster, Marie Esmarch hat es mir erzählt, das wird gewiß in Husum viel Aufsehn machen. Nun lebe wohl grüß alle und erfreue recht balde mit einem langen Brief deine dann ganz gewiß recht frohe

Lene Woldsen.

Ich habe hier noch immer eine von unsern Servietten, aber Raaslew mag ich sie doch nicht mitgeben.

*

in größter Eile.

Abb. 13: Johann Ludwig Christian Hansen, Am Eingang des Düsternbrooker Gehölzes, 1825. Diesen Blick auf Kiel mag Lene oft bei ihren Spaziergängen gehabt haben.

Dies ist der letzte uns bekannte Brief, den Lene als unbeschwertes junges Mädchen nach Husum schreibt, ohne im Geringsten zu ahnen, wie ihre nächste Zukunft aussehen wird. Die abgenutzte Phrase der gerade einmal 18-Jährigen, dass die Zeit der glücklichen Kindheit und Jugend so pfeilgeschwind dahinfliegt und nie wieder zurückkehrt, wird sich bald als bittere Wahrheit erweisen.

Lene hat seit Jahresbeginn schon sechs Bälle besucht, und der nächste steht bevor. Von den Absichten, die sie im September im ersten erhaltenen Brief nach Hause im Zusammenhang mit dem Klavierüben, dem Französisch-Unterricht, den Stickübungen äußerte: [...] *du siehst daß ich von deiner Erlaubniß Gebrauch mache alles zu lernen wozu ich Lust habe*, scheint nicht viel übrig geblieben zu sein außer der Tanzlust. Von Husum kommen keine Nachrichten, auch nicht von Flensburg, denn sonst hätte sie das erwähnt. Sie ist ärgerlich über ihre Mutter, kann aber wieder *durch Güte* den Brief einem Bekannten mitgeben. Diesmal ist es Herr Carl August Rahtlew[72], (mit dessen ausgefallenem Namen Lene verschiedene Schreibweisen ausprobiert) Secondelieutenant des in Kiel liegenden Bataillons der Infanterie, der nach Husum abkommandiert worden ist. Und doch müssen in dieser Zeit weiterhin kräftig Fäden gesponnen worden sein zwischen den Woldsens hier und Stuhrs dort. Anfang oder Mitte Januar 1809 etwa wird Nicolaus Jacob Stuhr per Schiff aus St. Petersburg zurückgekehrt sein und in Hamburg den zu Weihnachten verfassten Brief seiner Mutter vorgefunden haben. Er wird fast sämtliche Besuche, die diese ihm angeraten hat, absolviert haben. Vielleich hat er die zweite Kusine Woldsen kennengelernt, aber kein Feuer gefangen. Nach langjähriger Abwesenheit ist er dann wohl so schnell wie möglich nach Flensburg zurückgekehrt. Mit Mutter Anna wird er im *Sopha* in deren Salon gesessen, von all seinen

Erlebnissen auf der großen Reise quer durch Europa erzählt und dann die genauen Planungen seiner Eltern für seine Zukunft angehört haben.

Jacob ist inzwischen ein junger, welterfahrener Mann von 24 Jahren, der es gelernt hat, schnell Entschlüsse zu fassen. Zunächst gilt es, das ihm großzügig angebotene „Projekt Friedrichstadt" auf seine wirtschaftliche Tragfähigkeit hin zu prüfen. Nach einer kurzen Erholungszeit wird er sich mit seinem Vater - Damen reisten bei Winterwetter kaum - auf den Weg in die Treenestadt gemacht haben. Die Reise dorthin führte über Husum. Wahrscheinlich hat Simon Woldsen sich hier den beiden Verwandten angeschlossen, um das von Peter Stuhr gekaufte Anwesen im Hinblick auf die Zukunft seiner ältesten Tochter nochmals zu begutachten. Der junge Stuhr wird in Husum auch das für Lene bestimmte Schreiben mit dem elterlichen Einverständnis zu dieser Ehe und dem Wunsch, sie geschlossen zu sehen, entgegengenommen haben, das Jacob Stuhr später bei der Werbung der jungen Frau präsentiert (s. Brief 11). Auch die Mitgift konnte man bei dieser Gelegenheit persönlich aushandeln.
Nun ist es offensichtlich Schlag auf Schlag gegangen: Jacob Stuhr wird in ökonomisch und politisch äußerst schwierigen Zeiten gern einverstanden gewesen sein, den angebotenen Besitz anzutreten; dazu auch die nichtsahnende designierte Braut in Augenschein zu nehmen, die er seit Jahren nicht gesehen haben kann, und sie möglichst schnell für sich als künftige Hausfrau zu erobern. Es wird Briefe nach Husum und nach Kiel gegeben haben und dann eine Reise in die Fördestadt und einen Aufenthalt des Freiers dort, ein erneuertes Kennenlernen, eine überfallartige Werbung bei dem jungen Mädchen mit dem Ergebnis, das wir im folgenden Schreiben sehen, - nur einen einzigen Monat nach dem vorherigen Brief datiert. Und da schon ist der frischgebackene Bräutigam wieder abgereist, um nach dem glücklich abgeschlossenen Projekt Lene Woldsen nun mit Energie das Projekt Friedrichstadt in Angriff zu nehmen.

Brief 10

Herrn N: J: Stuhr in Flensburg

frey *Kiel d 14 März 1809*

Seit gestern erst hast du, mein guter Stuhr, mich verlassen, und heute trifst du mich schon wieder mit der Feder in der Hand, um mich schriftlich mit dir zu unterhalten. Es ist aber doch recht ärgerlich mit den todten kalten Buchstaben, da stehn sie auf dem Papire und sehn mich so steif und keck in die Augen, und ich möchte ihnen wohl wenn sie nur etwas davon fühlten, rechts und links einige austheilen, daß sie doch so ganz und gar nichts von dem ausdrücken was ich fühle. Kaum hätte ich doch geglaubt daß du, mein guter Junge, mir zu meinem Glücke so unumgänglich nothwendig geworden bist; ich bin seit gestern gar nicht mehr so munter und unbefangen, wie ich es hier sonst immer war. Ich weiß nicht ob das immer so mit dem Brautstande vermacht ist. -
In diesem Augenblick bist du vileicht schon bey unserer guten theuren Mutter, und erzählst ihr

recht viel von mir, denn daß deine Lene jetzt künftig der Hauptgegenstand eurer Unterhaltungen seyn wird, zweifle ich keineswegs.
Ich habe mich recht gefreut, daß du heute so schönes warmes Reisewetter gehabt hast, es sah erst ein bischen trübe aus, aber bey näherer Untersuchung fanden wir beiden Mädchen doch daß es ganz köstliche warme Luft sey.
Ich nehme hier täglich so viele Glückwünsche von bekanten und unbekanten Personen an, die alle so hertzlich gemeint zu seyn scheinen, daß ich mich recht darüber freue; mich dünkt doch immer wenn man merkt daß unsere Mitmenschen theil an unserem Glücke nehmen, so fühlt man sich noch einmal so glücklich; das heißt nemlich gute Menschen, die bösen läßt man laufen und kehrt sich nicht daran.
Von Vater habe ich keinen Brief bekommen, obgleich ich mit Gewißheit einen erwartete, aber von einer meiner Schwestern, die mir schreibt daß Mutter mich abholen wird, aber noch keine Zeit bestimmt wann di<e>s geschehen wird, für künftigen Post<t>ag sichert sie mir aber einen Brief von Mutter zu, dann wird sie mir gewiß die Zeit meiner Abreise melden, so balde ich etwas bestimtes weiß, so solst du gewiß der erste seyn dem ich es schreiben werde. Ich wolte nur daß die Zeit erst da wäre denn recht vergnügt bin ich hier nun noch nicht mehr, der Mathis [Matthias Holst] *wird mir mit jedem Tag wiederlicher und unausstehlicher, besonders jezt da er mir gestern ausdrücklich erklärt hat, daß er dich gar nicht leiden könne, und Menschen, die dich nicht lieben, hasse ich gewiß von Grund meiner Seele. Dieß bleibt aber ganz unter uns, denn ich möchte so ungerne zu Familien-Zwistigkeiten Veranlassung geben, die doch gewiß nicht ausbleiben würden, wenn einer oder der andere etwas davon erführe. Weil wir noch diesen Nachmittag eine Visite bey Ni<e>manns machen sollen, so nöthiget mich die Kürtze der Zeit zum Schluß zu eilen. Grüß deine süße Mutter, Geschwister, Großmutter und alle guten die mich künftighin gerne sehen werden, von deiner dich ewig liebenden und immer treu bleibenden*
Lene Woldsen

Meine liebe Doris bittet mich auch noch dich zu grüßen, du mußt sie recht lieb haben, ich halte so unaussprechlich viel von ihr.

*

[außen von Stuhrs Hand später]: *1809 Kiel 4 Merz* [!] <u>*Lene*</u>

Nach der Blitzverlobung schreibt das junge Mädchen den vermutlich ersten Liebesbrief ihres Lebens. Sie hat sich damit Mühe gegeben. Die Zeilen verlaufen gleichmäßig, die Schrift ist sorgfältig ausgeführt und es gibt kaum Fehler oder Verschmiertes wie in den Briefen an die Mutter. Sogar an einige Punkte und Kommas hat die hier sonst so großzügige Schreiberin gedacht. Das Ganze macht den Eindruck der Abschrift eines vorher (mithilfe von Doris?) entworfenen Konzeptes. Der Inhalt wirkt auf heutige Leser teilweise verstörend. Allein die Anrede des Bräutigams mit seinem Nachnamen ist für eine Braut befremdlich, war aber damals häufig üblich, auch gegenüber dem Ehemann. Dagegen erscheint das *mein guter Junge* wenige Zeilen später gewollt und etwas albern, ein Zeichen für Lenes Unsicherheit in der neuen Situation. Immerhin ist Stuhr $6\frac{1}{2}$ Jahre älter als sie und durch vielfältige Erfahrungen und Zielstrebigkeit alles andere als ein

„Junge". In ihrer Verlegenheit weicht die Verfasserin auf die Phrase von den fühllosen Buchstaben eines Briefes aus, die sie schon in einem Schreiben an ihre Großmutter benutzt hat (Brief 3), und beschreibt später intensiv das Wetter.

Lene fühlt sich nicht mehr so wohl wie sonst in Kiel. Der plötzliche Wandel ihres Lebens ist schwer zu verkraften. Sie weiß, dass sie bald vom Kieler Kreis und dem unbeschwerten Mädchenleben Abschied nehmen muss. In Husum ist man über alles informiert und eine Schwester, wohl Elsabe, hat geschrieben, dass die Mutter bald melden wird, wann sie Lene abholen kann. Dieser ist plötzlich alles in der bisher so geliebten Umgebung vergällt. Sogar der halbwüchsige Matthias, der wie ein Bruder für sie gewesen sein mag, ist ihr *wiederlich*, weil ihm – vielleicht aus unbewusster Eifersucht – der Bräutigam nicht zusagt.

Am Brautstand scheint Lene vor allem zu gefallen, dass sie in einen nach allgemeiner Meinung beneidenswerten Zustand getreten ist. Selig machen sie die vielen Glückwünsche, mit denen sie überschüttet wird. Mit Hochgefühl konstatiert sie: Sie hat es geschafft! Zumal der älteste Sohn eines so renommierten Handelshauses wie dasjenige der Stuhrs als eine sehr gute Partie gelten kann. Schon mit 18 Jahren wird sie unter die Haube kommen und der Gefahr entgehen, eine damals so genannte „alte Jungfer" zu werden. Dieser pejorative Ausdruck ist im Zeitalter der Single-Frauen und einer gänzlich veränderten Lebensführung zum Glück unserer Sprache abhandengekommen.

Er meinte unverheiratete Frauen, die meist bei Verwandten unterkamen und bei der Kinder-, Kranken- und Altenpflege sowie vielen anderen häuslichen Tätigkeiten halfen. Oder sie wurden, wenn sie besserer Herkunft waren, Gouvernante, Hauslehrerin, Gesellschafterin; alles gering geachtete und bezahlte Stellungen. Auch das Dasein in Klöstern oder Stiften war ein Ausweg, versorgt zu sein. Doch hatten die ledigen Frauen auch Vorteile. Sie entgingen der oft sehr hohen Zahl von Schwangerschaften, Fehlgeburten, Geburten bei den meisten Ehefrauen und damit auch der Lebensgefahr, die mit diesen Umständen bei der mangelhaften medizinischen Versorgung verbunden war. Sie mussten nicht, wie junge Mütter so häufig, den Tod eigener Kinder hinnehmen und unter ständiger Erschöpfung und Überforderung leiden. Wenn sie über etwas Vermögen verfügten, konnten ledige Fräulein ihr Leben sogar relativ selbstbestimmt gestalten, sofern nicht noch ein Vater ihr Herr und Gebieter war.

Endlich hat Lene den Liebesbrief bewältigt und verabschiedet sich erleichtert und formvollendet: [...] *nöthiget mich nun die Kürtze der Zeit zum Schluß zu eilen.* Die künftige Schwiegermutter erhält das Beiwort *süß*, und die in Partizipien schwelgende Schlussformel *von deiner dich ewig liebenden und immer treu bleibenden Lene Woldsen* lässt wieder auf die Unsicherheit dem kaum bekannten jungen Mann gegenüber schließen, der wohl ein einfaches: „In Liebe und Treue, Deine Lene" bevorzugt hätte.

In der Nachbemerkung wird ihm nahegelegt, auch Lenes Mitbewohnerin Doris, mit der sie nach der Mode der Zeit eine innige Seelenfreundschaft eingegangen ist, recht lieb zu haben. Für einen Bräutigam vielleicht etwas viel verlangt!

Brief 11

o. Adresse

Kiel d 7 April 1809

Meine gute theure Mutter!

Diesen Morgen wie dein Brief ankam, und der der guten Großmutter lag ich noch auf dem Bette in süßer Ruhe, wie ich aber nur hörte daß die Post gekommen sey, da war niemand geschwinder aus dem Bette als deine Lene. Eigentlich wäre es meine Pflicht gewesen schon Dienstag meinen guten Eltern von allem Bericht abzustatten, aber da kam denn immer so di<e>s und jenes im Wege und das schreiben ward aufgeschoben.
Eigentlich überraschte mich Stuhr doch ganz entsetzlich, und mehr als ich es wünschte. Kriegsmann aus Riga mit seinem Sohn war grade den Abend bey uns, wir Frauenleute saßen bey unserm Strickstrumpf und unterhielten uns mit den Männern, auf ein mal wird die Thüre geöfnet, und wer tritt da herein – niemand anders als mein guter Stuhr, so ist mir noch nie mals zu Muthe geworden, meine gute Mutter [hier: Frau Holst] eilte auf mich zu nahm mich in ihre Arme, und so gingen wir nach dem Saal wo Stuhr uns balde nachkam; ich war ganz entsetzlich krank, und die Holsten sagt daß sie Furcht gehabt hätte daß ich in die heftigsten Krämpfe gefallen wäre, ein Trunk kaltes Wasser und noch mehr Vaters Brief, den ich freilich nicht las, aber doch die Buchstaben ansehn brachten mich ein wenig zu mir selbst, was da den<n> weiter passirte das weißt du gewiß aus deinem eigenen Leben besser als ich es dir beschreiben kann, genug daß ich jezt mein Ja gegeben habe, und nun eine recht glückliche Braut bin – es ist doch ein ganz eigenes Gefühl was ich gar nicht beschreiben kann –
Stuhr quelt <quält> mich täglich daß ich doch eine Zeit bestimmen mögte wann ich nach Husum reise, wie herztlich gerne ich hier noch den ganzen Sommer geblieben wäre das kanst du leicht denken, und meiner guten Holsten kommen immer die Thränen in die Augen wenn sie von Trennung spricht, aber wenn ich doch alles so recht vernünftig überlege, so sehe ich doch wohl ein daß es meine Pflicht ist daß ich recht balde nach Husum komme, für´s erste weil ich dir doch nicht für alles allein kann sorgen lassen, fürs zweite weil doch noch so manches in der Haushaltung nach ist worin ich mich recht üben muß, und fürs dritte weil Stuhr nicht eher das Haus in Friedrichstadt beziehn wird bis ich in Husum bin, und doch so leicht etwas versehn werden kann wenn der Herr nicht selbst da ist, denn so wie er mir sagt, sind die Geschäfte ja schon 4 bis 5 Monath für seine Rechnung geführt. Wenn du und der gute Vater es also für nothwendig finden so seid so gut mir eine Zeit zu bestimmen wann ihr mich holen wollt, ich werde mich darin zu finden suchen und immer eine gehorsame Tochter bleiben. Wie glücklich bin ich doch daß ich so ganz in eurer Nähe bleibe, das wiegt alles Glück auf das ich mir sonst von dem Leben in einer großen Stadt versprach.
Alles was er mir noch von dem Hause in Friedrichstadt gesagt hat entspricht ganz meinen Wünschen. – Eine Stube ist schon ganz eingerichtet, mit einem sehr hübschen Silinder von Großmutter einer Comode 2 Tischen 12 Stühlen einem hübschen Theekasten und noch einige Kleinigkeiten mehr. 3 Betten sind auch schon da 1 für ihn und 2 für die Dienstboten, also ist für ei-

nen Mann Platz genug da. Ich habe diesen Morgen einen Ring bey dem Goldschmidt bestelt, denn es dünkte der guten Tante doch anders nicht schicklich, da er mir doch schon einige Sachen von Werth geschenkt hat, obgleich noch keinen Ring denn den hat er nicht nach seinem Geschmak finden können, aber eine lange Reihe, länger wie ich selbst von ächten orientalischen Perlen, eins von schön gelben Bernstein und in derselben Art ein Hertz, er wünscht so gerne eine Uhrkette von meinen Haaren zu haben, ich habe gedacht: ich will einige Haare an die gute Heina in Hamburg schicken, und sie bitten mir eine machen zu lassen so wie sie da getragen wird, nicht wahr gute Mutter dazu wirst du gerne deine Einwilligung geben, nachher muß er ja freilich ein Geschenk von größerem Werth haben, ich denke etwa eine Tuchnadel von Steinen, denn so eben sagt er mir daß schon ein briliant Ring unterwegs von Hamburg für mich ist, den sein Vater mir zum Geschenk machen wird, das habe ich schon gefürchtet daß die kostbaren Geschenke nicht ausbleiben würden.

Nun muß meine Gardrobe doch etwas verbessert werden, denn wenn wir nun balde nach Flensburg reisen werden, so wird des Schmausens ja doch kein Ende werden. Wenn dir villeicht das eine oder andere Stück von meinen Kleidern entfallen seyn sollte, will ich dir alle aufzählen, du kanst denn darüber entscheiden was dir gut dünkt, mein gelbes und mein rothes Catun Kleid kann ich nur eigentlich rechnen denn mein lilla und das Catun Kleid mit der Borde sind ganz entsetzlich abgebleicht, dann die zwey batistnen Kleider das neue batist Kleid das [unleserlich] *das buntgestickte und mein schwartz taftnes; da hast du meinen ganzen Hofsta<a>t. Wegen dem Zeuge werde ich mich in diesen Tagen erkundigen, die Holsten glaubt aber daß grüner Taft das hübscheste sey was du wählen köntest, Möbelsitz würde ich gar nicht nehmen mich dünkt der bleicht so leicht, aber um weißen Zeug werde ich mich bemühen. Vater erhält auch diesen Post<t>ag von Stuhr er hat ihn mir vorher lesen lassen ehe er ihn abschickte, er wünscht auch so gerne daß ich an seine Mutter schreibe, diesen Wunsch kann ich ja auch gerne erfüllen, er wird hier noch bis anfangs der andern Woche bleiben, und dann wieder nach Flensburg zurückgehn, nach Hamburg werde ich in diesen Tagen schreiben, entschuldige mich doch bey meinen Husumer Freundinnen wenn ich sie nicht sogleich mit meiner veränderten Lage bekant mache, ich habe nun so viel zu schreiben daß ich selbst nicht weiß wo ich anfangen soll. Meine gute Marie habe ich schon von allem benachrichtiget, Stuhr hat mir den Brief ungelesen dahin besorgt. Grüße alle guten in Husum die Theil an meinem Glücke nehmen, und nimm die hertzlichsten Versicherungen der Liebe und Achtung von deiner*

Lene Woldsen

Auffallend ist, dass dieser Brief mit der Beschreibung von Stuhrs Werbung erst 3½ Wochen nach dem doch so wichtigen Ereignis an die Familie in Husum verfasst wird. Wer die Korrespondenz verfolgt hat, dem wurde in einer Art erzählerischer Dramaturgie mit dem Brautbrief an Stuhr ein überraschendes Ergebnis vorgestellt, dessen Zustandekommen hier erst nachträglich ausführlich geschildert wird. Ob die Braut von zu Hause eine Mahnung erhielt, Genaueres zu berichten? Dass der Verlobungsplan aufgegangen ist, wissen die Woldsens natürlich schon lange aus Flensburg, wohin der Bräutigam bereits am 13. März gereist ist. Nun hält er sich aber wieder in Kiel auf und drängt unerbittlich auf eine schnelle Abfahrt Lenes nach Husum und damit auf eine baldige Heirat. Der jungen Braut scheint inzwischen klargeworden zu sein, dass Stuhr sie mit seiner

Werbung, zumal am Abend im erweiterten Familienkreis, *doch ganz entsetzlich* überrascht habe, *und mehr als ich es wünschte*. Von der Pflegemutter in einen anderen Raum gebracht und mit kaltem Wasser vor einer Art nervösem Zusammenbruch bewahrt – *ich war ganz entsetzlich krank*, – kommt sie erst zu sich, als der Freier ihr einen Brief ihres Vaters präsentiert, in dem dieser wohl um ihre Zustimmung gebeten oder sie verlangt hat. Erst beim Anblick der vertrauten Schrift kann sie sich wieder fassen.
Das weitere Geschehen bis hin zum Ja-Wort wird nicht ausgemalt, sondern der Erinnerung der Mutter an ihre eigenen Erfahrungen überlassen. Jetzt ist Lene *eine recht glückliche Braut*. Ihre Gefühle dabei vermag sie, immer noch verwirrt, nicht zu beschreiben; allerdings sollten den Eltern das zweimalige *entsetzlich* und die Wortwahl *Stuhr quelt <quält> mich täglich*[73] zu denken gegeben haben. Begeisterung hört sich anders an. Von Liebe kann nicht die Rede sein, und diese wird auch nicht erwartet; Zuneigung oder Sympathie wäre bei der Schließung einer solchen Konvenienzehe schon viel.
In ihrem viel rezipierten feministischen Essay „Ein Zimmer für sich allein" aus dem Jahr 1929 zitiert Virginia Woolf den englischen Historiker George Trevelyan zum Geschlechterverhältnis in der Vergangenheit: *Heirat hatte nichts mit persönlicher Zuneigung zu tun, sondern war, und dies besonders in der* [...] *hohen Gesellschaft, eine Angelegenheit familiärer Besitzbestrebungen.*[74]
Noch im vorletzten Brief meint Lene, dass sie sich in Kiel gar nicht mehr wohl und unbefangen fühlen könne. Jetzt heißt es an die Mutter gerichtet: [...] *wie hertzlich gerne ich hier noch den ganzen Sommer geblieben wäre das kanst du leicht denken*, [...]. Bisher hat sie ja nur den Herbst, den harten Winter und das beginnende Frühjahr an diesem Ort erlebt, der durch die herrliche Lage für einen Sommeraufenthalt wie geschaffen wäre.
Aber: *Im Bürgertum wie im Adel war für die Frauen der Status des Verheiratetseins für ihr gesellschaftliches Ansehen von größter Bedeutung. Das Bestreben und der Druck zu heiraten, waren entsprechend groß* [...].[75] Lene sieht es trotz ihrer Jugend unter diesem Druck als ihre Pflicht an, nach Hause zu kommen: *Wenn du und der gute Vater es also als nothwendig finden so seid so gut mir eine Zeit zu bestimmen wann ihr mich holen wollt, ich werde mich darin zu finden suchen und immer eine gehorsame Tochter bleiben.*

Eine gehorsame Tochter. Das war es, was sich alle Eltern damals wünschten und oft auch erzwangen. Doch selbst in dieser Lage entdeckt Lene mit ihrem positiven Naturell und ihrer Familienverbundenheit noch etwas Gutes an dem Umzug in ein so dörfliches Städtchen wie Friedrichstadt (1803: ca. 2.100 Einwohner). *Wie glücklich bin ich doch daß ich so ganz in eurer Nähe bleibe*, [...]. Sie, die gern in einer großen Stadt gelebt hätte, versucht sofort, ihre Gedanken von allen Träumen abzulenken und sich mit der Realität auseinanderzusetzen.
Zunächst ist da ihr zukünftiges Haus, das schon teilweise eingerichtet ist. Mit dem von der Großmutter gestifteten *Silinder* ist ein Zylinderbureau gemeint, ein elegantes Schreibmöbel der Zeit, dessen oberer Teil mit Fächern und Ausziehplatte durch einen im Halb- oder Viertelkreis geführten Rolladen verdeckt wird. Lenes zweite Überlegung gilt den Geschenken an den Bräutigam, denn es war üblich, solche in der Verlobungszeit auszutauschen. Sie hat bereits eine lange Kette aus Perlen erhalten, länger als sie selbst ist [!], dann eine aus Bernstein mit Bernsteinherz dazu, und aus Hamburg wird ein mit Brillanten besetzter Ring von Vater Stuhr erwartet. Als Gegengeschenk erwägt Lene, eine vom Bräutigam gewünschte Uhrenkette aus ihrem eigenen Haar ma-

chen zu lassen, bittet aber die Mutter um ihr Einverständnis, denn vielleicht ist so eine offen getragene Haarkette etwas zu Intimes und damit nicht „schicklich". Die sonst häufig erbetene Locke wurde ja in einem Medaillon verborgen. Lene lässt einen von Frau Holst als „schicklich" empfundenen Goldring anfertigen und denkt, dass die Eltern vielleicht eine Tuchnadel mit Edelsteinen an Stuhr übergeben könnten. Nur nicht ärmlich wirken!

Bald wird eine offizielle Vorstellungsreise nach Flensburg stattfinden, wo es für das Brautpaar viele Gesellschaften geben wird. Lene braucht zu der bereits in Kiel vorhandenen noch viel mehr Garderobe und überlässt es der Mutter, das Passende aus dem Husumer Kleiderschrank herauszusuchen. Auch Möbelstoffe für die neue Wohnung soll Mutter Woldsen besorgen. Briefe an die jeweiligen Schwiegereltern sind zu schreiben; den für Stuhrs bestimmten kann der Bräutigam selber mitnehmen, der bald wieder nach Flensburg fährt. Das Schreiben an ihre beste Freundin Marie hat Stuhr *ungelesen* zu dieser befördert, betont sie. Dass die Briefe nicht überprüft werden, scheint ungewöhnlich zu sein.

Brief 12

Madame Woldsen
add: Herrn Simon Woldsen in Husum
Kiel d 19 Ap. 1809

Heute muß ich einmal alle meine Schreiblust zusammen nehmen den<n> heute ist recht ein großer Post<t>ag für meine wenigkeit. An Großmutter schreibe ich heute, und die andern Freundinnen haben schon längst Briefe von mir, von der Claussen, habe ich schon wegen der Uhrkette Antwort gehabt, sie schreibt daß es nicht mehr als 5 bis 6 r zu kosten kommen wird, ich finde das doch eigentlich ein bischen wohlfeil, nicht wahr? In der andern Woche schickt sie es schon nach Husum, ich weiß nun nicht was du für besser findest, daß sie so lange in Husum bleibt bis ich sie ihm persönlich geben kann oder ob du sie mir herüber schicken willst und daß ich sie ihm dann nach Flensburg schicke. Also bis Anfang Mai bleibe ich nur noch mehr in meinem lieben Kiel, das wird eine harte Trennung werden – Stuhr wird den<n> also erst nach Husum kommen und dich holen und dann werdet ihr beide kommen und mich holen, aber das sage ich dir Mutter, daß du ganz bestimmt mit kommen mußt den<n> allein mit Stuhr fahre ich auf keinen Fall, das finde ich für mich selbst gar nicht anständig, und ich möchte auch doch nicht gerne zu Klätschereien Anlaß geben die dann nicht ausbleiben würden. Lucie schreibt mir daß sie und Elsabe nicht mitkommen würden, warum willst du sie zu Hause lassen, Holstens erwarten sie ganz gewiß mit.
Daß ihr schon auf ein besseres Geschenk für Stuhr bedacht gewesen seid freut mich außerordentlich, darf ich grade heraus sagen, was ich am liebsten möchte daß es würde? – eine recht hübsche brillianten Tuchnadel, so eine wie Heina an Claussen schenkte, mich dünkt das ist daß, was für Herren immer am hübschesten und nützlichsten ist, er hat mir ja auch schon so hübsche Geschenke gemacht, das eine Perlen-Halsband ist doch über 10 Reichstaler wert. Mutter Stuhr befindet sich seit einigen Tagen gar nicht recht wohl, doch ist diese Unpäslichkeit sowie Jacob

mir heute schrieb von keiner Bedeutung, einen allerliebsten Brief habe ich schon ihr gehabt worin sie mich Du nennet, und eben so von mir genant zu werden wünscht. Heute hatte sie einige Zeilen unter Stuhr seinen Brief geschrieben weil sie zu mehreren nicht aufgelegt war, sie wünschen alle so gerne daß ich mich hier von Aldenrath in Oehl malen lasse, den Gefallen thue ich meiner kleinen süßen Mutter auch recht gerne obgleich ich sonst nicht viel darum gebe, sie will es aber nicht gerne ganz groß als Brustbild haben sondern meine ganze Person so wie ich leibe und lebe, das wird gut 3 Quatir hoch, ich will in diesen Tagen hin mit ihm zu sprechen, denn es möchte doch wohl immer einige Zeit darüber hingehn, und da ich hier solange nicht mehr bleibe, so ist doch Eile nöthig.

Ich habe mir vor einigen Tagen für mein eignes Geld ein lilla Florenz Kleid gekauft aber ohne Schleppe, das schmiert auch gar zu sehr, nun habe ich noch die hübsche Tüllspitze die habe ich gedacht unten herum zu setzen, es sind aber nur 5¼ Elle da und das Kleid ist doch beynahe 4 Elle weit, das ist doch eigentlich ein bischen wenig, weißt du was ich nun gedacht habe ich wollte dich um deine bitten die du noch um deinen Schleier hast, du trägst den ja doch nicht zum Staat, und so gibst du sie mir gewiß doch gerne nicht wahr? Ein bischen gelb und schmutzig wird sie vileicht gegen die andere Spitze seyn aber das macht nichts, ich kann sie auf die hinterste Bahn setzen, dann kömmt nicht viel davon zu sehn, soll ich die dann nicht balde haben, ich möchte es so gerne nächstens fertig haben, glaubst du nun auch noch daß mir zu der Flensburger Reise ein Catun Kleid nöthig ist, so schreibe mir sobalde du kannst. Ich habe nun so viel zu thun das ich selbst nicht weiß wo ich zuerst anfangen soll, ich wollte doch alles zu der Reise ein bischen in Ordnung haben, nach Flensburg reist Vater doch mit nicht wahr? Es ist schon ausgemacht daß ich für meine Person bey der Stuhren auf der Mühle logire. Fändest du etwas anstößiges darin, so sage es mir frey heraus. Weißt du was für ein schändliches Gerücht sich ausgebreitet hat das meine gute Marie betrift? Ich habe mich so geärgert wie ich es diesen Morgen in Gretgen Hansen ihrem Brief las, denk dir die Menschen sagen Marie sey darum weggereist weil sie in Wochen halte, und in Hamburg sey sie schon mit einem kleinen Jungen niedergekommen, ist das doch nicht was schändliches? Das soll ein Hamburger erzählt haben, hätte ich den Kerl gesprochen, ich hätte ihm so wahr ich Lene heiße rechts und links einige ausgetheilt, das bleibt aber ganz unter uns, denn wozu sollen wir so etwas fürchterliches noch weiter bringen. Grüß alle und schreibe umgehend an deine

Lene Woldsen

*

[außen von anderer Hand]: *Hierin nichts Verordnungswidriges, Kiel d 18 Apr 1809 G. Holst.*

Eines der dem Bräutigam zugedachten Geschenke, die Uhrenkette aus dem Haar der Braut, wird also schon bald aus Hamburg von Lenes Oldensworter Jugendfreundin Heina Claussen nach Husum geschickt werden. Auch das zweite von Lene gewünschte Geschenk, eine Tuchnadel, scheinen die Eltern in Erwägung gezogen zu haben, sogar mit Brillanten besetzt, um mithalten zu können gegenüber Stuhrs üppigen Brautgeschenken.

Lenes Abreise aus Kiel steht nun für Anfang des nächsten Monats fest. Sie ist so sehr mit allen möglichen Planungen, besonders mit Reisevorbereitungen und der eigenen Ausstattung be-

schäftigt, dass ihr die Bedeutsamkeit dieses Schrittes erst viel später klargeworden sein wird. Jetzt tut sie nur den Stoßseufzer: *Also bis Anfang Mai bleibe ich nur noch mehr in meinem lieben Kiel, das wird eine harte Trennung werden.*
Bei den damaligen Reisebedingungen kann selbst im Frühling ein genauer Zeitpunkt nicht abgemacht werden. N. Jacob Stuhr – in diesem Brief sogar einmal, aber nur dies eine Mal, bei seinem Vornamen genannt! – soll in Husum Mutter Woldsen abholen und dann mit ihr zusammen Lene aus Kiel zurück in ihr Elternhaus bringen. Von dort möchte sie die Brautreise nach Flensburg mit dem Vater als Rückendeckung antreten. Auf keinen Fall nie allein mit dem Verlobten in einer Kutsche! Das ist für sie selbst *gar nicht anständig* und könnte *zu Klätschereien Anlaß geben.* Die Mutter soll ihr sogar mitteilen, ob sie *etwas anstößiges* darin fände, *daß ich für meine Person bei der Stuhren auf der Mühle logire.*[76] Seit sie sich im Brautstand befindet, ist Lene äußerst angestrengt auf ihren Ruf bedacht. Sie weiß genau, wie Frauen, über den ewigen Strickstrumpf gebeugt, oft in Ermangelung sonstigen Gesprächsstoffs, der für die Männer reserviert ist, andere durchhecheln. Die Braut selbst macht hier allerdings auch gern mit, als sie am Ende des Schreibens vor der Mutter ein *schändliches Gerücht* über eine Freundin, brieflich von einer der Oldensworter Schwestern mitgeteilt, unter dem üblichen Siegel der Verschwiegenheit empört-genüsslich ausbreitet.
Lene hat sich ein *lilla Florenz Kleid* gegönnt. Damit ist ein Gewand im Stil der Florentiner Renaissance gemeint, mit engem, rund oder eckig ausgeschnittenem Oberteil, hochgelegter Taille und weitem Rock in Röhrenfalten, wobei die geschlitzten Ärmel das weiße Unterkleid durchblitzen lassen.[77]
Aufregender aber ist, dass die Stuhrs eine Darstellung des neuen Familienmitglieds in ganzer Figur wünschen, ausgeführt von dem aus Lübeck stammenden Porträtmaler Heinrich Jacob Aldenrath (1775–1844). Dieser befand sich in einer Lebens- und Ateliergemeinschaft mit dem als Künstler bedeutenderen Friedrich Carl Gröger (1766–1838), der die Berliner und – zusammen mit Aldenrath – später die Dresdner Akademie besuchte und danach in Lübeck als Zeichenlehrer und, wieder gemeinsam mit Aldenrath, erfolgreich als Miniaturmaler arbeitete.[78]
Eine gemeinsame Reise nach Paris 1802 wies Gröger durch den Einfluss Davids und Gérards den Weg zur Ölmalerei und zu einem neuen klassizistischen Stil der Bildgestaltung. Bevorzugt wurde nun das Brustbild in sich stark voneinander abhebenden Farben.[79] Die beiden Künstler verließen 1806 Lübeck, um sich neue Schaffensfelder zu erschließen. In Kiel malten sie von 1806 bis 1809 Porträts des Adels auf den Gütern oder in dessen Stadthäusern. Gröger wurde (s. Brief 1) auch vom Königshaus beschäftigt; die Königin Marie saß ihm im Jahr 1808 in Kiel Modell, der König und die jugendliche Prinzessin Caroline 1809; dazu kamen, wie schon in Lübeck, repräsentative Aufträge des nun aufstrebenden, wohlhabenden Bürgertums. Heinrich Aldenrath schuf in erster Linie feine Miniaturporträts.[80]

Lenes Brief ist am 19. April geschrieben und sie hat noch nicht bei Aldenrath nachgefragt; dass ein Ganzfigurenbild in Öl bis zu ihrer Abreise Anfang Mai gar nicht fertig zu stellen sein würde, war klar. Von beiden Malern wurden, wie erwähnt, sowieso Brustbilder bevorzugt. Und so bleibt es bei dem in der schneller auszuführenden Pastelltechnik angefertigten Porträt von dem weniger bekannten Kollegen Grögers, der von den Flensburgern vorgeschlagen worden war. Es ist, zusammen mit dem Gegenstück, der Darstellung des Bräutigams, von den Nachkommen der Familie Stuhr aufbewahrt worden.[81] Heinrich Aldenrath besaß große Kunstfertigkeit in der Pastellmalerei und hat sich auch durch mit feinem Strich ausgeführte Medaillonporträts einen Namen gemacht.

Brief 13

Herrn J: N: Stuhr in Flensburg

frey

Kiel d 19 Ap.

Weißt Du wie ich mir diesen Morgen vorkam? Grad so wie der Postmeister zu Krähwinkel in den deutschen Kleinstädtern, nur mit dem Unterschiede daß ich mich in demselben Maße über meine ausgebreitete Corespondenz freute wie er sich darüber ärgerte, denn denk Dir nur einmal, 4 Briefe an einem Post<t>age zu bekommen, ist das nicht genug für ein so kleines unbedeutendes Dings von Mädchen wie ich bin? die hier in einem Winkel von Kiel sitzt, und sich längst von ihren Freundinnen vergessen glaubt? aber nun da ich Braut bin überströmen mich alle mit ihren Glückwünschen, die sonst wohl nur alle blau Montag einmal an mich gedacht haben. Ist das nicht ganz sonderbar? Aber kanst Du mir wohl die Sünde vergeben, denk Dir! ich grif zuerst nach Mutter ihrem Briefe und las den, dem Deinigen sah ichs schon von außen an daß ich wohl damit sobalde nicht fertig werden würde, wie ich das Siegel davon erbrach, sezte ich mich erst recht in Positur, räusperte mich und fing dann an, und was las ich da? nichts als lauter gute angenehme Sachen für mich, derjenigen ausgenommen daß unsere gute Mutter sich nicht ganz wohl befindet, doch diese Unpäslichkeit hoffe ich wird nicht von Dauer seyn, man wird ja zuweilen von solchen Zufällen geplagt die eben so geschwinde vorüber gehn als sie kommen. – Doch Du wilst wohl gerne wissen was wegen meiner Abreise beschlossen ist, anfangs Mai wird Mutter mich holen. Ich freue mich eigentlich recht ein bischen darauf alle meine nahen Verwandten und Freunde wiederzusehn, wenn man lange Zeit von seinem Wohnorte entfernt gewesen ist kann man die Sehnsucht dahin doch nicht unterdrücken.

Doris und ich haben recht herzlich gelacht über die Stelle in Deinem Briefe wo Du Dich über die Ungnade von unserm geliebten Vetter Mathis beklagst. Denn dafür will ich Dich nun im voraus warnen daß Du nichts schreibst was Doris nicht wissen darf, denn sie liest alle, alle meine Briefe die ich bekomme und folglich auch die Deinigen, denn das haben wir einmal unter uns zum Gesetz gemacht daß alle Briefe die wir wegschicken und erhalten immer von dem andern gelesen werden, denn uns dünkt beiden, daß unter Freundinnen ein solcher Beweis des Zutrauens nicht anders als natürlich ist. Meine gute Doris nimt mit Freuden den Vorschlag an uns in Friderichstadt einmal eine recht lange Visite zu machen, Langeweile soll sie nun auch eben nicht bey uns empfinden, denn wo 3 gute Menschen bey einander sind die sich lieben, pflegt die Freude ja auch gerne einzukehren. Wie froh mich diesen Morgen Dein Brief machte, glaubst Du mir wohl ohne weitere Versicherungen, je näher ich Dich kennen lerne, desto mehr liebe und achte ich Dich, und desto einleuchtender wird es mir daß Du gewiß der Mann bist den Gott mir zum Führer durch dies Erdenleben bestimte, trift uns dann zuweilen ein Unglück so wollen wir beide zusammen ihm muthig entgegengehn. Liebe und gegenseitiges Vertrauen, hilft ja die größten Leiden tragen. –

Mit den Mahlern werd ich noch in diesen Tagen sprechen, für zu großen Prunk wird mich schon das bewahren daß Du so sehr das simple liebst. Nun Lebe wohl ewig! ewig

Deine Lene Woldsen.

Willst Du auch selbst an Holstens schreiben, ich glaube wohl daß sie das gut aufnehmen würden.

*

[außen von Stuhrs Hand]: *1809 Kiel 19 April* Lene

Der Postmeister, auf den Lene anspielt und der sich über zu viele Briefe beklagt, ist eine Figur aus dem damals häufig aufgeführten Lustspiel „Die deutschen Kleinstädter" (1802) von August von Kotzebue (1761–1819), in dem die Spießigkeit der Dorfgemeinschaft von Krähwinkel, das Stadt werden möchte, dem Spott des Publikums preisgegeben wird.[82]
Lene wird zu ihrem Entzücken immer noch in ihrem *Kiel-Winkel* mit Gratulationen zu ihrer Verlobung überschüttet. Dieses Triumphgefühl lenkt sie wohl davon ab, die eigene Situation noch einmal in Ruhe zu überdenken, auch wenn sie ihr sowieso nicht mehr hätte entkommen können. Die Redensart vom *blau(en) Montag* ebenso wie das Verb „blau machen" haben bis heute keine Bedeutungsveränderung erfahren; die etymologische Herkunft ist umstritten.

Aus dem Brief an Mutter Woldsen wissen wir schon, dass die Braut Anfang des Monats Mai darauf wartet, aus Kiel abgeholt zu werden. Es wird in Stuhrs Pläne passen, möglichst schnell nach Friedrichstadt zu ziehen (an der Schreibweise ihres neuen Wohnortes muss Lene noch etwas feilen ...). Ob er allerdings mit gleicher Freude die Botschaft aufnimmt, dass seine amourösen Briefe auch für die Augen von Doris Sybrandt bestimmt sind, die dazu noch aus seiner Heimatstadt Flensburg stammt, und diese Freundin als *Beweis des Zutrauens* auch die von Lene an ihn liest? Allerdings ist er nun gewarnt, nichts auch nur entfernt Geheimes zu Papier zu bringen. Vielleicht hilft ihm ja auch die literarisch bewanderte Mutter bei dem einen oder anderen Entwurf. Einen zukünftigen Besuch der Freundin in Friedrichstadt hat er wohl selber vorgeschlagen und ist damit auf Begeisterung gestoßen. Es kann sein, dass Lene, typisch Kind der Zeit der Romantik, in ihrer Schwärmerei mit *wo 3 gute Menschen beyeinander sind die sich lieben,* [usw.] für Stuhrs Geschmack etwas weit in Bezug auf die Seelenfreundschaft zu Dritt geht.
Einiges in den Liebesbeteuerungen am Schluss des Schreibens: [...] *daß du gewiss der Mann bist den Gott mir zum Führer durch dies Erdenleben bestimte* [...]. *Liebe und gegenseitiges Vertrauen, hilft ja die größten Leiden tragen.* [...] *Nun Lebe wohl ewig! Ewig deine Lene Woldsen* hört sich nicht nach Lene, sondern eher nach den gekünstelten Phrasen an, in die sie manchmal gegenüber Respektspersonen wie Großmutter und Bräutigam verfällt. Vielleicht hat sie einen der sogenannten „Briefsteller" der Zeit zu Rate gezogen, die den Schreibenden passende Epistel oder Floskeln vorschlugen und besonders beliebt im Rokoko waren, aber auch noch im 19. Jahrhundert gern benutzt wurden.[83] Die Orthographielehre für „Frauenzimmer" war angesichts deren fast immer geringer Bildung durch Winkelschulen (für Mädchen nur 4 Jahre Pflicht, für Jungen 7-8 Jahre) oder durch teils unfähige Hauslehrer bitter nötig. Lene zeichnet sich übrigens durch eine gut leserliche Handschrift aus und, wenn sie sich konzentriert, durch eine erträgliche Recht-

schreibung. Auch, dass Mutter, künftige Schwiegermutter und sogar die Großmütter schreiben konnten, war für Frauen, die aus dem 18. Jahrhundert stammten, nicht selbstverständlich, und ist nur durch ihre gehobene Herkunft und den Unterricht durch Hauslehrer zu erklären. – Bezeichnend in Lenes obiger Phrase ist übrigens die Annahme der Rolle der Frau, die sich als eine Unmündige dem Mann, dem Führer durchs Leben, unterordnet. Die „Geschlechtsvormundschaft" ging vom Vater auf den späteren Ehemann über. So wie die Frau in politischen Dingen kein Wahlrecht hatte, war sie in der Hauswirtschaft nur die Verwalterin des ihr anvertrauten Wirtschaftsgeldes. Oft war bei Abrechnungen sogar eine Gegenzeichnung ihres Mannes, des Haushaltsvorstandes, erforderlich.[84]
Mit den *Mahlern* sind die Porträtisten Heinrich Aldenrath und Friedrich Gröger gemeint.

Brief 14

Herrn J: N: Stuhr in Flensburg

durch Güte

Kiel d 21 Ap. 1809

In der allergeschwindesten Geschwindigkeit auch doch noch ein paar Worte an dich, viel kann es für dies mal nicht werden den<n> ich habe mich ein bischen lange bey Mutter ihrem Briefe aufgehalten, und die Uhre ist schon halb acht. Denk dir für gute zwey Stunden habe ich deinen Brief erst erhalten, ist das nicht ärgerlich daß die Post jezt immer so spät kömt? Wir waren so eben von einem Spatziergange zu Hause angelangt als der geliebte Herr Briefträger kam, du mußt wissen daß das mir jezt der liebste Mensch in Kiel ist (das heißt unter den Herren) weil er mir immer so gute Nachrichten von dir bringt.
Dein Ring prangt schon jezt an meinem Finger indem ich an dich schreibe und sieht zu ob ichs gut mache oder nicht, herzlichen innigen Dank für dies theure Geschenk deiner Liebe, nur der Todt kann und soll mich davon trennen, und das der häsliche alte Knochenmann noch immerhin ein bischen ausbleibt wollte ich mir wohl ausgebeten haben denn jezt will ich erst recht anfangen zu leben und glücklich zu seyn. Ich will mich stets bemühen deiner Liebe und Achtung immer würdiger zu werden, und immer suchen besser und tugendhafter zu seyn und dir immer so näher und näher zu kommen, denn daß du besser bist wie ich wird mir immer einleuchtender, und daß ich erst nach und nach deiner würdig seyn werde sehe ich recht gut ein, das wird mir aber immer ein Sporn seyn den Grad der möglichstgrößten Vollkommenheit zu erreichen und wenn ich danach strebe und dabey deines Beifa<l>s und deiner Liebe mich versichert halten kann wer wird dann glücklicher seyn als ich?
Daß du mit Mutter kommen würdest mich abzuholen habe ich schon seit einigen Post<t>agen gewußt, ich habe es dir aber nicht schreiben wollen weil ich glaubte daß du es noch nicht wissen soltest, ich zähle schon jezt die Tage bis dahin, und freue mich unbeschreiblich auf diesen

lieben Besuch, das sage ich dir aber, du darfst nicht allein fahren wenn Mutter sich nicht so befindet so mußt du Vater mitbringen, ich fahre auf keinen Fall allein mit dir nach Husum. Die zunehmende Dunkelheit erinnert mich daß es nicht weit von 8 seyn kann ich muß daher so gerne ich noch recht, recht lange mit dir geplaudert hätte schliessen und dir ein recht herzliches Lebewohl sagen. Grüß alle und sey versichert von der immerfortwährenden Liebe deiner

Lene Woldsen

ich fürchte daß du mein Geschmiere gar nicht lesen kanst, die Zeichen sind wenigstens alle vergessen.

*

[außen von Stuhrs Hand]: *1809 Kiel 21 April* <u>*Lene*</u>

Dieser Brief ist zu Beginn wirklich ein echtes, aus dem Herzen kommendes Sprechen, vielleicht ohne Beisein von Doris aufs Papier geworfen. Lenes Verhältnis zu ihrem Bräutigam scheint entspannter und inniger geworden zu sein. Ein hübsches sprachliches Bild ist es, dass Stuhrs Ring, der jetzt an der Schreibhand der jungen Braut prangt, ihr zusieht, [...] *ob ichs gut mache, oder nicht.* Trotz allen Zeitdrucks kommt doch die „Schicklichkeit" wieder zu ihrem Recht: [...] *ich fahre auf keinen Fall allein mit dir nach Husum.* Dafür kann man sogar Verständnis haben, wenn man bedenkt, wie die Menschen in den Kutschen bei jedem Holpern und Stoßen des Wagens stundenlang gegeneinander geworfen wurden. Die Situation hätte von einem kaum bekannten Verlobten wahrhaftig ausgenutzt werden können.

Das optimistische, lebensfrohe Wesen des jungen Mädchens zeigt sich in der Art, wie sie den flüchtigen Gedanken an den Tod beiseiteschiebt, [...] *denn jezt will ich erst recht anfangen zu leben und glücklich zu seyn.* Leider fällt sie danach wieder in einen gekünstelten, ihr sonst nicht eigenen Ton, in dem sie mit äußerster Hochachtung, fast Verehrung von ihrem Verlobten spricht. Seiner geistigen und charakterlichen Überlegenheit gewiss will sie ihm nacheifern, [...] *denn das du besser bist wie ich wird mir immer einleuchtender.*

Ist das wirklich die echte Lene? Oder ist das nicht eher diejenige, die dann etwas über ihr eigenes „Geschmiere" unter den Brief setzt und konstatiert, dass es mit der Zeichensetzung bei ihr mal wieder sehr im Argen liegt? [Von der Verf. diesmal nicht, wie in anderen Briefen teilweise zum besseren Verständnis der Texte geschehen, ergänzt worden, um hier ein ungeschöntes Exempel zu zeigen].

Es sei einmal ein Vergleich gewagt: Eine Generation später tauschen Theodor Storm und seine Kusine Constanze Esmarch, also Lenes Neffe und ihre Nichte, in ihrer langen Verlobungszeit vor der Jahrhundertmitte tief anrührende Brautbriefe. Natürlich sind die Vorteile von Bildung und Stellung, eine acht Jahre längere Lebenserfahrung und vor allem die Gabe, seine Gefühle in ergreifende Worte zu fassen, bei Theodor. Aber auf der Seite Constanzes wiegen schwer ihr lauterer Charakter, ihre Herzlichkeit und Natürlichkeit, ihr Humor, ihre Gelassenheit. Sie ist imstande, dem ihr ständig Pflichtlektüre abfordernden, oft unerträglich krittelnden Verlobten eine Antwort zu schreiben wie: [...] *ich danke Dir mein einziger Mann, daß Du mich so schön belehrt, ich küsse Deinen lieben, belehrenden Mund dafür – muß mich aber gewaltig dabei ausrecken, denn*

Dein Lehrstuhl ist ganz außerordentlich hoch!"[85] Es ist nicht nur die verwandtschaftliche Vertrautheit der beiden Partner, die der jungen Frau diesen Ton erlaubt, sondern auch die Entwicklung, die nun von der Mitte des 19. Jahrhunderts an, wenn auch sehr stockend, fortschreitet und die Stellung der Frau in Gesellschaft, Familie, Ehe trotz aller Hindernisse und schweren Kämpfe immer mehr zu einem wichtigen Thema werden lässt.
Übrigens haben Constanze und Theodor nicht lange nach der Verlobung auf Storms Drängen hin sexuelle Kontakte aufgenommen, wobei natürlich die Risiken in erster Linie bei der Braut lagen. Daher rührt auch die Anrede *„Mann"* an den Bräutigam. Wie in den Brautbriefen zu entdecken, begann diese Vertiefung ihrer Liebesbeziehung zu zweit allein in einer Kutsche ...

Brief 15

[Dieser nicht datierte und adressierte Brief ist eher ein Zettel, der um den 22.4.1809 jemandem zusammen mit Großmutters Haube auf eine Reise nach Husum mitgegeben worden ist.]

Einliegend erhälst du liebe Mutter die Catunproben, sie sind 5/4 breit und kosten 2 Schilling die Elle, die für Großmutter schicke ich Dinstag ab. Denn die fahrende Post ist von hier nach Husum 8 Tage unterwegs, also kömmt ja die reitende wenn sie auch einige Tage später abgeht, früher an als die fahrende, es wird aber schwer halten daß ich recht hübsche violette Proben finde denn man hat hier in der Art so wenig. Noch einmal bitte ich dich, mir doch keinen Catun <zu senden,> er wird hier gar nicht mehr gebraucht.
Die Haube die du hiebey findest ist für Großmutter bestimmt, du hast wohl die Güte sie an ihr abzugeben. ich wolte auch noch so gerne etwas für dich gearbeitet haben, aber bis jezt bin ich noch nicht dazu gekomen wenn sie vileicht ein bischen klein seyn solte, so kann Elsabe Petersen sie damit vergrößern, daß sie den Taft rund herum falsch hervorstehn läßt, hinten kömt ein Zug, es gehören 3 Elle Spitzen dazu, denn es muß eine doppelte Reihe seyn, wenn sie vileicht ein bischen schmal seyn solte, so kan sie die Spitze an einem atlas Band nähen so habe ich es hier gesehn, das sieht recht hübsch aus, die Schleife vorne muß aber ziemlich groß seyn sonst wird es nicht hübsch. Das ist doch recht unangenehm daß die alte Post so langsam geht, vileicht wenn du nun doch auf eine von den Proben reflectirst so ist das Stück schon weg, wenn du meinen Brief mit dem Sitz erhälst.

Leb recht wohl grüß alle von deiner Lene Woldsen

eilig

Dieser Brief Lenes aus Kiel zeugt erneut davon, wie schwierig es war, mit der Kutsche durch die Herzogtümer zu gelangen. Staatliche Postkutschen gab es noch so gut wie gar nicht – Kiel z. B. erhielt erst 1813 eine regelmäßig verkehrende Post –, man war auf private Fuhrunternehmen oder die Fußpost angewiesen.[86] Dass die Kutschen einige Tage nach Husum brauchten, ist heute kaum mehr vorstellbar. Die Strecke beträgt in Luftlinie 72,3 km, die schnellste Fahrtroute über

Rendsburg und Schleswig 86,11 km und die geschätzte durchschnittliche Fahrzeit per Auto 1 Stunde und 8 Minuten.[87] Der Postreiter war eine schnellere Alternative, konnte aber keine Pakete, wie das mit der angekündigten Haube, mitnehmen. Bei den Briefen, die auf der Außenseite nicht adressiert sind, ist anzunehmen, dass sie eine bekannte Person mitgenommen hat, die nach Husum reiste. Wo irgend möglich, benutzte man den Wasserweg.[88]

Der Zustand der Straßen blieb, bedingt durch den 1813 erfolgten Konkurs des dänischen Staates, über viele Jahrzehnte weiter desaströs und verhinderte einen wirtschaftlichen Aufschwung. *Zu Storms Jugendzeit waren Schleswig-Holsteins Straßen unbefestigte Naturwege, sie galten als die miserabelsten in ganz Europa und verliefen, je nach Jahreszeit und Ackerbau, mal hier, mal dort;* schreibt Jochen Missfeldt in seiner Storm-Biographie, *es gab weder Ortsschilder noch Wegweiser.*[89] Der Dichter selbst, 26 Jahre nach Lene geboren (1817), hat das Mitreisen in der doppelspännigen Kutsche seines Vaters, des Anwalts Johann Casimir Storm, auf dessen Dienstreisen beschrieben. In seinen Jugenderinnerungen berichtet er vom völligen Fehlen angelegter Straßen von Husum aus zu den Nachbarstädten und vom vielstündigen Mahlen der Wagenräder durch tiefsten Sand, wenn es nach Schleswig oder Flensburg ging. Weiter heißt es: [...] *aber nach dem benachbarten Friedrichstadt* [...] *fuhren wir in trockner Sommerzeit auf dem Marschboden, wie auf einer ebenen Diele; in der Regenzeit und im Wintertauwetter war es um so schlimmer, statt der sonst anderthalb Stunden kam man unter vier Stunden nicht zur Stelle, Schritt für Schritt ging es, die Pferde traten tief in den aufgeweichten Boden und zogen schwer ihre Hufe aus der sich um dieselben ansaugenden festen Tonerde; erzählt wurde dabei gewöhnlich, dass schon Pferde den Fuß nackt, ohne die hornene Fußbedeckung wieder herausgezogen hatten.*[90]

Die Entfernung zwischen Husum und Friedrichstadt beträgt 12,4 km Luftlinie, 16,4 km Fahrtroute und ist heute in 18 Autominuten zu bewältigen.

Zu Lenes Modesorgen: Der erwähnte *Catun*, also fest gewebte, derbere Baumwolle, wurde, wie schon bemerkt, nun ersetzt durch die leichten Batiste oder Musseline, die aus feiner gedrehten

Abb.14/15: Magdalena Woldsen (Lenes Mutter) mit Haube, um 1846, Lucie Woldsen-Storm (Lenes jüngste Schwester) mit Haube, um 1849

Baumwollfäden in den neuen Industriezentren Englands entstanden und sich durch ihren weichen Fall hervorragend für die fließenden Kleider der Epoche des Empire eigneten.[91] Aus den detaillierten Anweisungen Lenes für Großmutters Haube (diese wird schon in Brief 9 erwähnt) wird ersichtlich, dass sie, wie schon als Kind, gewandt mit der Nadel umgehen konnte und genaue Vorstellungen davon hatte, wie eine solche Haube auszusehen habe und bei Bedarf geändert werden könne. Der Stil dieser Kopfbedeckungen, die man vorwiegend im häuslichen Bereich, als ältere Frau auch in Gesellschaften, trug, änderte sich im Laufe der Jahrzehnte kaum. Daguerreotypien der Empfängerin der Briefe im hohen Alter von 80 Jahren und von Lenes jüngster Schwester Lucie verheiratete Storm, 52-jährig, zeigen Mutter und Tochter noch in solchen mit Spitzen und Schleifen geschmückten Hauben, wie Lene sie beschreibt.

Brief 16

Herrn J: N: Stuhr in Flensburg

durch Güte *Kiel d 25 Ap. 1809*

Wie wir gester<n> abend von einem Besuch zu Hause kamen den wir bey Heinrich Schulz und seiner jungen Frau abgestattet hatten, kam die kleine Lena die du so allerliebst findest, mir mit einem Brief von dir entgegen. Heute? sagte ich ganz verwundert, es ist ja doch nicht Post<t>ag. Ja, Herr Boysen hat ihn mitgebracht erhielt ich zur Antwort, und ist selbst damit hier gewesen. Da konte ich mir das Dings erst recht erklären. Diesen Morgen hat er uns seine feierliche Visite abgestattet, und mich glückliche Person mit einem Kuß begrüßt und verlassen, Doris war ganz außer Fassung daß sie nicht dies Glück mit mir theilen konte, endlich gelang es doch meinem freundschaftlichen Zureden sie zu besänftigen, ist das doch nicht recht häslich wenn Freundinnen so neidisch aufeinander sind? –

Wir beiden haben recht deine Dichtergabe bewundert, das ist ja wieder ein neues Talent das ich noch vorher nicht bey dir bemerkt habe, aber nun doch in vollem Ernst, deine Gedichte sind ganz allerliebst und haben unsern ganzen Beifall, nur schade daß ich sie dir nicht eben so beantworten kann, du bist gewiß in einer recht heitern Laune gewesen wie du an mich schriebst, das ist auch recht die muß dich nie verlassen, ich habe es so gerne daß Menschen die ich liebe, und mit denen ich täglich umgehe recht munter sind, das erhöhet unendlich den Reitz des Lebens, ich war auch vordem bey weiten nicht so froh wie ich es nun seit einem Jahre bin, daß ich mich aber weit besser hierbey befinde ist wohl natürlich. Und warum solten wir auch nicht recht vergnügt seyn, da wir uns so vieler Vorzüge zu erfreun haben die andere unser<er> Mitmenschen nicht genießen. Boysen wußte nichts davon daß Mutter sich seit einiger Zeit nicht recht wohl befunden hat, bettlägerig wäre sie wenigstens nicht gewesen versichert er, denn am Sonabend wäre er noch bey euch in Geselschaft gewesen, und da wäre sie so flink und munter gewesen, wie immer. Sontag brachte der junge Atenberg mir deinen Gruß, er entschuldigte sich daß er ihn nicht schon eher gebracht hätte, seines kranken Beines wegen hätte er es nicht wagen dürfen auszugehn, man glaubt hier daß mit dem Schaden große Gefahr verbunden sey, das wäre doch sehr

traurig für einen so jungen Menschen wie er. Was doch eine einzige Unvorsichtigkeit alles nach sich ziehn kann.
Wenn das Wetter nur 8 Tage so bleiben will wie es heute ist, so solst du nur sehen ists in kurtzer Zeit grün, ein so himmlischer Tag wie heute ist haben wir noch in diesem Monathe gar nicht gehabt. Doris und ich kommen so eben von einem Spatziergange zurück, der uns recht froh gemacht hat, erst ließen wir die Alten promeniren watscheln, und als die zu Hause kamen, fanden wir beiden Mädchen auch leicht einen Vorwand ein bischen in die freie Luft zu kommen. Denn das mußt du wissen wenns auf solche Fälle ankömt, da sind Weiber nimmer verlegen.
Ich hätte mir die Parthie da mit dem Mahlen doch wirklich langweiliger vorgestelt wie sie wirklich ist, Tante war so gut Sonnabend mit mir hinzugehn, er sieht es gerne daß man sich während daß er arbeitet unterhält, er spricht auch selbst sehr viel und ist ganz erstaunt <erstaunlich> lustig. Donnerstag um 10 machen Mathis und ich Geselschaft dahin, er soll auch um dieselbe Zeit nach Gröger kommen, da wird denn freylich die Unterhaltung an Lebhaftigkeit gewinnen, wenn ein so wichtiges Geschöpf wie Mathies Holst Theil daran nimt – 4 oder 5 mal soll ich sitzen, und Gröger läßt bey seinen Oehlgemälden die Personen die sich gemahlt zu haben wünschen nie mehr als 3 mal zu sich kommen.
Doch wir erhalten ja noch diesen Nachmittag Besuch von einer alten Kammerherrin mit Ihrer freilich ein bischen verwachsenen, sonst aber doch recht netten Tochter, daher Lebe nun recht wohl, Doris läßt grüßen ewig Deine Lene Woldsen

*

[außen von Stuhrs Hand]: *1809 Kiel 25 April Lene*

Bei dem am Anfang des Schreibens erwähnten *Heinrich Schulz* könnte es sich um den im Einwohnerbuch von 1803 noch allein aufgelisteten Conrad Heinrich Schulz handeln, der dann in den Jahren bis zu Lenes Aufenthalt 1809 geheiratet hätte. Er wohnte in der Vorstadt 281 bei „Schulzens Zuckersiederei", ging also demselben Gewerbe nach wie Lenes Vater Simon Woldsen in Husum und der Vater von Herrn Holst in Flensburg.
Mit *Mutter* ist in diesem Brief nach Flensburg die künftige Schwiegermutter gemeint, zu der die Schreiberin später ein herzliches Verhältnis entwickeln sollte. Anna Stuhr schätzte an Lene besonders deren fröhliches Gemüt, das in diesem Brief ganz unverstellt hervortritt. Köstlich ist der Ausdruck: *erst ließen wir die Alten promeniren watscheln,* wobei mit *die Alten* das 45 und 34 Jahre alte Ehepaar Holst gemeint ist! Dass der Bräutigam auch Gedichte schreiben kann, von denen leider keines zitiert wird, macht ihn in Lenes (und Doris') Augen noch liebenswerter. Es sind viele Briefe, hauptsächlich geschäftlicher Art an den Sohn Fritz, von N. J. Stuhr erhalten geblieben, aber von einer lyrischen Ader ist kein Hauch zu entdecken. Ob Anna Stuhr hier ihre begabte Hand im Spiel hatte?

Eine kleine Lena wird von Lene zum ersten Mal erwähnt und scheint ein Töchterchen der Holsts zu sein. – Aber nun: Ein Zerwürfnis mit der Seelenfreundin bahnt sich an, als diese nicht von einem Gratulanten geküsst wird, wie es der Braut geschieht! Doris scheint sich so in die Rolle des Alter Ego Lenes hineingesteigert zu haben, dass sie dadurch *ganz außer Fassung* gerät, und Lene ihr nun die hässliche Eigenschaft des Neides nachsagen muss. Sonst aber lässt die Schreiberin sich ihre gute Stimmung nicht trüben, zumal ihr Verlobter in so heiterer Laune geschrieben hat, und findet sogar etwas Spaß an dem vorher als langweilig bezeichneten *Sitzen* für ihr Porträt. Aus Anstandsgründen ist immer eine Begleitung dabei, einmal Frau Holst, einmal deren Sohn Matthias. Aldenrath ist ein noch junger Mann von 34, und das Alleinsein mit einem jungen Mädchen und das für die künstlerische Tätigkeit notwendige ausgiebige Mustern dieser Person wäre nicht „schicklich". Wir erfahren hier aus erster Hand, wie der Maler arbeitete, indem er das Modell zum Sprechen brachte, und auch selber viele lustige Dinge erzählte, um das darzustellende Gesicht in Bewegung zu versetzen. Auch Gröger ist manchmal mit von der Partie. Lene wundert sich darüber, dass dieser seine Kunden für ein Porträt in Öl nur drei Mal zu sich bestellt, während sie für ihr Pastellbild vier oder fünf Mal erscheinen muss. Dies bestätigt die allgemeine Meinung zu Grögers besonderer Fertigkeit, die Gesichtszüge und die Persönlichkeit seiner Modelle schnell zu erfassen und treffend wiederzugeben.[92]

Durch die Empfindlichkeit von Pastellen bedingt ist das Bild Lenes leider in keinem guten Erhaltungszustand und eine Restaurierung wäre dringend; vor allem die Kreidepartikel unter den Augen sind abgebröckelt, so dass dunkel wirkende Augenränder entstanden sind, was dem jungen Antlitz einen etwas müden Ausdruck verleiht.

Ansonsten ist es ein längliches Gesicht auf schlankem Hals, mit vollen roten Wangen, einem zierlichen Mund und etwas eng an der schmalen Nase stehenden blauen Augen unter den blonden Brauen. Das rötlich-blonde Haar ist gescheitelt; um den Oberkopf legt sich ein hochgesteckter Zopf. Die sorgfältig gebrannten Löckchen vor den Ohren und am Hinterkopf werden mit einer braunen Spange aus der Stirn gehalten. Das Licht fällt von rechts auf das junge Mädchen, das ein typisches weißes Batist-Empirekleid mit tiefem, von einer Rüsche umgebenen Ausschnitt und weiten seidenen Puffärmeln trägt. Farbe bringt eine hellblaue Borte unter dem Busen.

Der Hintergrund des Porträts ist in braunen, nach oben hin blauen Tönen gewischt, was die Wirkung einer Baumgruppe unter blauem Himmel erzeugt. Lenes Blick wirkt verträumt oder auch gelangweilt, denn trotz Aldenraths Unterhaltungsversuchen liegt ihrem Temperament das stundenlange Sitzen nicht. Interessant ist, dass wir mit Lenes kleinem Bericht eine seltene Beschreibung aus der Perspektive des „Malermodells" haben.

Wann das Pendant mit der Darstellung des Nicolaus Jacob Stuhr angefertigt wurde, ist nicht erwähnt; es wird aber bei einem seiner nun häufigen Besuche in Kiel geschehen sein. Ob und wie weit die Hand Grögers hier mit im Spiel ist, lässt sich nicht sagen. Auf jeden Fall wissen wir, auch durch Lenes Bericht, dass Gröger hin und wieder auf die Arbeit seines Kollegen schaute und dabei auch die Ähnlichkeit mit der darzustellenden Person kurz überprüfte.

Der junge Mann trägt den modischen „Tituskopf" seiner Zeit mit hochgekämmten kurzen Locken, Koteletten und einer Haarsträhne auf der Stirn. Augen, Haar und Brauen sind braun, auch seine Haut, an den Wangen frisch gerötet, ist dunkler als Lenes sehr heller Teint. Das Gesicht ist gut proportioniert mit energischer Kinn- und Mundpartie. Die Augen haben den Betrachter fest im Blick; sie glänzen und scheinen etwas vorzustehen, was vielleicht zusammen mit der später zutage tretenden auffälligen Reizbarkeit des Bräutigams auf eine Schilddrüsen-Erkrankung hindeuten könnte. Stuhr trägt eine schwarze Jacke, aus der der weiße Stehkragen seiner Weste emporragt. Im Ausschnitt ist sein Hemd mit einer locker gebundenen weißen Fliege geschmückt. Oberkörper und Gesicht sind leicht nach rechts gedreht, während bei Lenes Bildnis die Drehung nach links erfolgt. Der Hintergrund ist auch hier, wenn auch dunkler, gewischt, vorwiegend in Braun mit etwas Blau. In Bezug auf das anzufertigende Porträt hatte sich Stuhr eine schlichte Aufmachung von Lene gewünscht. So trägt sie auf dem fertigen Bild auch bis auf eine angedeutete Brosche keinerlei Schmuck.

Abb. 16/17: Heinrich Jacob Aldenrath, Nicolaus Jacob Stuhr und Lene Woldsen, 1809

Brief 17

Herrn J: N: Stuhr in Flensburg

<u>frey</u> *Kiel d 2 Mai 1809*

Diesen Morgen überraschte mich dein Brief sehr angenehm, ich glaubte nichts weniger als heute Nachricht von dir zu erhalten, denn ich glaubte dich noch weit in Jütland hinein, nach Mutters Brief solltest du erst den zweiten oder dritten zurückkommen, dieß ist auch die Ursache warum du den lezten Post<t>ag keinen Brief von mir erhieltest, denn nach meiner Rechnung würde dieser dich nirgends getroffen haben.
Du armer Mensch bist also würklich im Graben gewesen – wie ich weiter las und sahe daß gottlob alles ohne Schaden abgegangen sey habe ich dich recht tüchtig ausgelacht, so tüchtig wie ich nur immer konte, du bist mir ein schöner Fuhrmann, ich werde mich wohl nie mit dir auf dem Wege wagen dürfen, was meinst du dazu? wer hat dir denn aber auch befohlen mein schar-

manter Herr daß du immer an mich denken solst, ich nicht, das thut auch ganz und gar nicht nöthig, wenn du fürs künftige deine Sachen hübsch vernünftiger einrichten willst, so will ich dich mit großem Vergnügen davon dispensiren. Habe ich dir da nicht recht die Leviten gelesen, ja warte nur wenn du mich nur näher kennen lernst solls schon besser kommen –
Auch ich bin noch nicht im Stande dir eine bestimte Zeit zu sagen, wenn ich mein liebes Kiel und meine gute mir so theuer gewordne Doris verlassen soll. Mutter schrieb mir heute daß die Tage und beynahe schon die Stunden gezählt wären, wann ihr kommen würdet mich zu holen, aber die Zeit und den Tag, wann dies wohl geschehen würde bestimt sie gar nicht, erwähnt auch nicht eine Silbe davon, gewiß hat sie Eile gehabt wie sie schrieb, sonst würde sie mir das alles umständlicher auseinander gesezt haben, es machte mich aber recht ein bischen fatal gestimt denn ich bin schon mehrere Pos<t>tage so getäuscht worden, sonst wäre es mir ja ganz gleich ob ich einige Tage länger oder kürtzer hier bliebe, aber Holstens wollen nach Flensburg und ihre Abreise ist und wird einzig und allein darum verschoben weil ich noch hier bin, sonst wären sie, davon bin ich ganz bestimt überzeugt schon längst da, die alte Andersen ist darum auch noch nicht bey Hannen auf Stift weil sie ihre Kinder erst in Flensburg zu sehn wünscht.
Wie unangenehm mir das ist daß ich mich nun doch einzig und allein als die Ursache alles dieses Unheils ansehn muß, siehst du gewiß leicht ein, jeder Tag den ich hier sonst gewiß noch so froh zugebracht hätte, wird mir nun durch den Gedanken: du mußt Holstens doch hier entsetzlich [!] *im Wege seyn, verbittert. Ich habe Mutter so sehr gebeten wie ich nur immer konte, mich doch noch diese Woche zu holen, Antwort hoffe ich nicht darauf zu erhalten, ich wünsche und hoffe ganz gewiß daß ihr statt dieser selbst je eher je lieber kommen werdet. Ey Potztausend es hat schon lange halbacht geschlagen und mein Brief soll noch auf die Post, grüß Mutter recht herzlich und lebe so wohl wie es dir nur immer wünscht deine*

Lene Woldsen

eilig und ganz in der Dämmerung geschrieben, Doris grüßt dich auch

*

[außen von Stuhrs Hand]: *1809 Kiel 2 Mai Lene*

Deutlich wird die mangelnde Möglichkeit der Kommunikation in vergangenen Tagen, die heute kaum mehr vorstellbar ist. Dadurch fehlte es oft an Planungssicherheit, besonders was Verabredungen betraf. So glaubt Lene den Bräutigam noch in Jütland, während er wieder in Flensburg ist und sogar schon ein Brief von dort sie erreicht hat. Die Post kam und ging nur an höchstens zwei Posttagen, meistens durch berittene Postillone. Denn die Postkutschen verkehrten unzuverlässig, teils auch behindert durch widriges Wetter, im Verein mit dem schon beschriebenen, konstant desolaten Zustand der Straßen. Kiel bekam erst nach Lenes Aufenthalt eine regelmäßige fahrende Post [s. S. 65]. Es gab nur wenige überregionale Straßen, nach Möglichkeit nutzte man die bequemeren Seewege. Dazu existierten im Lande eine Menge verschiedener Postanstalten, die miteinander konkurrierten.
Welche Stadt von welcher Postanstalt wann bedient wurde, ist so verworren wie der gesamte Verlauf der schleswig-holsteinischen Geschichte. Sogar die schwedische Post lief bis 1869 durch die Herzogtümer nach Hamburg und nahm Briefe und Pakete mit. Selbst Lübeck als Freie und

Hansestadt, die mit Hamburg zusammen einen gut funktionierenden täglichen Botendienst zwischen den Handelsstädten aufgebaut hatte, den zunächst keine königlich dänische und keine herzoglich gottorfische Post behinderte, musste es dann hinnehmen, *dass in seinen Mauern auch ein Thurn-und-Taxissches, ein hannoversch/ großbritannisches oder auch ein dänisches Postamt existierte, und als für ein paar Jahre das französische Kaiserreich bei Travemünde bis an die Ostsee reichte, auch ein französisches Postamt.*[93]

Abb. 18: Unbekannter Künstler, Holsteinischer Postillon, um 1848

Zurück zu den schlechten Straßen, zu denen der Domherr Meyer aus Hamburg nach einer Reise durch Holstein 1815 bemerkte: *Ich bezweifle, dass in der ganzen kultivierten Welt Wege diesen Holsteinischen ähnlich sind.*[94] Also ist auch Stuhr das passiert, was so häufig geschah: Er, der das Glück hatte, eigene Kutschen und Pferde zu besitzen, kippte mit seiner von ihm selbst gefahrenen Kutsche in den Graben; die Kutsche *hatte umgeworfen*, wie man damals sagte. Dazu heißt es noch 35 (!) Jahre später in einer Lokalzeitung: *Am 9. d. Monats warf der [...] Personenpostwagen, welcher erst kürzlich zwischen Lütjenburg und Oldenburg umgeworfen hatte, wieder eine Viertelstunde vor Neustadt um. Die Passagiere kamen [...] glücklich davon, mußten aber bis Neustadt in tiefem Koth zu Fuß wandern.*[95]

Über die folgende Strecke zwischen Neustadt und Lübeck heißt es, sie sei „lebensgefährlich". Darum verzichteten zwei der Passagiere auf die Weiterreise. Die Gefahr war also groß, beim Sturz mit oder aus der Kutsche Verletzungen zu erleiden, aber auch von einem schweren Gepäckstück oder einem Pferdehuf getroffen oder sogar von einem Wagenrad überrollt zu werden.
Lene ist froh, dass dem Bräutigam nichts Schlimmes passiert ist, und kokettiert in ihrer scherzhaften Strafpredigt sogar ein bisschen mit ihm. Aber dann kommt sie zu dem Kummer, der durch die mangelnde Erreichbarkeit untereinander entsteht: Sie weiß nicht, wann sie von Kiel abgeholt wird, und behindert dadurch die Familie Holst bei deren eigenen Reiseplänen. Die Abschiedstage mit ihrer engen Freundin und der geschätzten Gastfamilie im ihr so lieb gewordenen, frühlingshaften Kiel sind Lene auf diese Weise vergällt worden. Vielleicht milderte dieser Umstand aber etwas den bestimmt tiefen Trennungsschmerz.

Das weitere Leben von Lene Stuhr geb. Woldsen

Das Vögelchen war ausgeflogen und hat seine kurze (relative) Freiheit genossen, um nun mit seinen erst 18 Jahren als „gehorsame Tochter" in die Rolle der Hausfrau, Großkaufmannsgattin und – in absehbarer Zeit – Mutter zu schlüpfen. Es wird voraussichtlich mit gestutzten Flügeln ein eingeengtes Leben unter der sozialen Kontrolle der Familie und der Gesellschaft einer winzigen Kleinstadt verbringen. Es wird für immer in untergeordneter Stellung zusammen sein mit einem Mann, den es sich nicht ausgesucht hat und der selber in diese Konvenienzehe gedrängt worden war. Die junge Braut kannte natürlich den kleinen Nachbarort Husums, Friedrichstadt. Im Sommer vor ihrer Hochzeit beschäftigte sie sich – durch zwei Briefe belegt – intensiv mit der Einrichtung ihres Hauses am Holmerthorplatz im Westen der Stadt, direkt neben der Ölmühle. Auf dem naiven Bild des Malers Paul Jacob du Ferrang sieht man diesen Platz mit seiner freundlichen Gestaltung und ansprechenden Reinlichkeit, wie man sie aus niederländischen Städten kennt. Das Stuhrsche Haus links ist leider verdeckt, wird aber dem stattlichen, rechts abgebildeten Gebäude sehr ähnlich gewesen sein.

Abb. 19: Paul Jacob du Ferrang, Friedrichstadt, Platz am Holmer Thor, 1832

Die Eltern Woldsen sind ihrer Tochter bei der neuen Hauseinrichtung behilflich. Kurz nach ihrer Rückkehr in die Heimat schreibt sie dem Bräutigam schon im Mai nach Flensburg, sie sei mit dem Vater in Tönning gewesen und habe mit ihm dort moderne Tapeten ausgesucht, [...] *zum Saal hat Vater eine genommen deren Wahl ihm wirklich Ehre macht* [...]. Sogar ein *Marmorzimmer* hat das neue Domizil; was man sich darunter vorstellen darf, wird nicht erläutert. Der Tenor dieses Briefes ist nüchtern mit der Anrede: *lieber Stuhr* und dem Abschluss: *Montag oder Dienstag erwartet dich deine Lene Woldsen.* Zärtlich wird der Ton erst, als Freundin Doris ins Spiel kommt, die ins Flensburger Elternhaus zurückgekehrt ist. *Bist du schon bey meiner Doris gewesen? Ist sie gesund und munter?* [...] *die Zeit wird mir gewaltig lange ehe ich etwas von ihrer lieben Hand zu lesen bekomme.*

Inzwischen hat Lene erkannt oder schon selbst erfahren müssen, dass ihr zukünftiger Mann sehr reizbar ist und leicht ausfallend wird. Sie ermahnt ihn, sich gegenüber der Familie Holst, die in Flensburg zu Besuch ist und die er anscheinend nicht besonders schätzt, zusammenzunehmen: [...] *noch einmal bitte ich dich sey doch vorsichtig und laß nichts vorfallen was mir heute oder morgen Unannehmlichkeiten zu Wege bringen kön<n>te, auch mit Mathis nimm dich doch in acht und sey nicht so heftig gegen ihn, ich weiß das<s> es dir Mühe kosten wird aber mir zu Liebe thust du es gewiß, ich möchte doch so ungerne, das<s> etwas vorfiele,* [...].

Die Vorbereitung des neuen Hausstandes hat die Braut anscheinend energisch im Griff. Sie erteilt dem Bräutigam, der im Laufe des Sommers schon längere Zeit in Friedrichstadt verbringt, um seine Unternehmen zu überwachen, etliche Aufträge. Er schickt Wagen nach Husum, wo diese beladen werden und beispielsweise mit neu gefertigten Stühlen, Rosshaarmatratzen, Bettzeug, Zinnsachen zurück nach Friedrichstadt fahren. Lene mahnt Stuhr, auf schnelle Erledigung in allen Dingen zu drängen, *mit der Besorgung der Comoden, Fenstervorhänge u.s.w. eilst du doch.* Seine Wäsche schickt sie ihm gewaschen zurück. Die beiden neuen Dienstmädchen sollen, sobald es möglich ist, mit dem Reinemachen beginnen und Stuhr soll ihnen eine Frau zur Hilfe bestellen. Nun muss Lene schnellstens zur Zeugnäherin, wo die Mutter als Beraterin für die Weißwäsche schon auf sie wartet.
Und so geht es mit Riesenschritten, ehe sie ganz zur Besinnung kommen kann, auf diese neue Epoche in Lene Woldsens Leben zu.

Am 17. September 1809 wird Catharina Magdalena Woldsen in Husum mit dem Friedrichstädter Großkaufmann Nicolaus Jacob Stuhr, einem Vetter zweiten Grades, verheiratet, dem Wunsch ihrer Eltern und Schwiegereltern folgend. Dazu schreibt Gertrud Storm, Theodors jüngste Tochter: *Magdalena heiratete den Kaufmann Nikolaus Stuhr in Friedrichs*[!]*stadt, einer kleinen, 12 Kilometer von Husum gelegenen Stadt* [...]. *Als an Magdalenas Hochzeitstage der Wagen vor der Türe stand, der das junge Paar der neuen Heimat zuführen sollte, wollte der alte Großvater Friedrich Woldsen seiner Enkelin noch einmal Lebewohl sagen. Die Straßen waren schmutzig und die Füße der jungen Frau waren mit leichten Schuhen bekleidet. Da nahm Nikolaus Stuhr sie auf den Arm und trug sie ins großelterliche Haus. Friedrich Woldsen überreichte jedem einen kleinen Beutel. Der des Mannes war mit Speziestalern, derjenige der Frau mit Kleingeld angefüllt. Lächelnd fügte er hinzu: „Der Mann soll dafür sorgen, daß Geld im Hause ist, und die Frau soll das kleine Geld verwalten und zusammenhalten."*[96]

Der typisch kaufmännisch-pekuniäre Spaß zeigt deutlich, wie die Rollenverhältnisse in dieser und fast allen anderen Ehen der Zeit vom ersten Tag an auch in dieser Hinsicht geordnet waren. So steigt Lene, nun Lene Stuhr, mit ihrem frisch angetrauten Ehemann in die Hochzeitskutsche. Durch den Segen des Priesters ist alle „Schicklichkeit" plötzlich aufgehoben. Das unerfahrene Mädchen mit der anerzogenen Prüderie der höheren Tochter ist im besten Fall dem Takt und liebevollem Verständnis oder, im schlechteren, der rücksichtslosen Zudringlichkeit eines kaum vertrauten Mannes ausgeliefert, der älter und erfahrener ist. Die Kutsche rasselt die Hohle Gasse hinab unter den Abschiedsrufen und dem Winken der Hochzeitsgesellschaft, wobei die Braut wohl mit einem feucht geweinten Tuch zurückgewinkt haben wird. Der Wagen biegt scharf um die Ecke, fährt am Hafen entlang und am zweiten großelterlichen Haus, dem der Feddersens, vorbei und nimmt dann die holprige Straße nach Süden, nach Friedrichstadt, dem neuen Heimatort.

Die junge Ehe

Friedrichstadt, mit seiner geringen Einwohnerzahl (1803: 2.100) macht vom Ortsbild her auch heute noch durch die enge, teils repräsentative Bebauung den Eindruck einer wesentlich größeren Stadt. Es war eine Neugründung des Gottorfer Herzogs Friedrich III., der hier auf die Entwicklung eines wichtigen Handels-Stützpunktes hoffte; als die jungen Stuhrs dort hinzogen, noch nicht 200 Jahre alt. Holländische Remonstranten und Mennoniten, die wegen der Verfolgung ihres Glaubens in der Heimat hier eine religiöse Freistatt bekamen, prägten das Bild der Stadt in unverkennbar niederländischer Weise. Das Baumaterial: holländische Moppen-Steine, in Sandstein gehauene Zierelemente und Hausmarken („Gevelstene"), bleiverglaste Fenster, hölzerne Luken und bemalte Fliesen, war per Schiff aus Holland gebracht worden, wie es überhaupt vom neuen Eiderhafen aus einen lebhaften Verkehr besonders nach Amsterdam, England und Norwegen gab.
Die umgebenden Flüsse Eider und Treene waren durch sogenannte Sielzüge miteinander verbunden, sodass die flache Insel dazwischen das Areal von Friedrichstadt bildete. Quer durch die Mitte wurde ein „Burggraben" (holländisch für „Gracht") gegraben, der mit Booten zu befahren war und an dem der große Marktplatz lag. Er teilte die Stadt in Vorder- und Hinterstadt, die beide in Blöcken angelegt wurden. Weitere Grachtenanlagen folgten. An vielen Stellen wurden die geradlinig sich kreuzenden Straßen mit weißen Brücken verbunden, was die holländische Anmutung verstärkte. Im Jahr von Lenes Ankunft gab es an religiöser Vielfalt außer den Gemeinden der niederländischen Gründer noch Lutheraner, Katholiken und Juden mit ihren zugehörigen Sakralbauten. Die Hauptsprache war inzwischen Plattdeutsch, nur in den alten Familien noch das verwandte Holländisch; die Schriftsprache wechselte zu Hochdeutsch und teilweise Holländisch. Dänisch spielte in diesem Teil des Königreiches so gut wie keine Rolle.[97]

Lene Stuhr musste sich jetzt in diese Umgebung und in ihre neue Rolle einleben. Mit Hilfe ihrer Hausangestellten und der oft als Unterstützung auftauchenden Mutter ist sie wohl langsam eine gute Hausfrau geworden, selbst nach holländisch strengen Maßstäben. Die junge Frau hatte in einem lebhaften Geschäftshaushalt, wie sie ihn schon von zu Hause kannte, mit Angestellten, Kunden, Geschäftsfreunden, Arbeitern, Schiffsleuten usw. zu tun. Aus Mangel an Zeit und Gelegenheit, vereint mit Abhängigkeit in jedem Sinne, wird es bald mit Musselinkleidern, Tanzschu-

hen, Diademen vorbei gewesen sein. Die Rüschen, die Lene sich in Kiel um den freizügigen Ausschnitt genäht hatte, wurden jetzt an der Haube der verheirateten Frau befestigt. Da ihr sparsamer Mann so *das simple* liebte (s. Brief 13 aus Kiel), war es mit den Extrawünschen der Jungmädchenzeit vorbei.
Ein Schlaglicht darauf wirft ein Brief aus dem ersten Ehewinter 1809/10 an die Mutter. Lene bedankt sich darin überschwänglich für das *wirklich sehr große Geschenk*, das diese ihr geschickt hat. *Du schreibst mir in solchen f<F>ällen muss man die Männer nicht um ihren Rath fragen, ja* [...] *aber sage mir einmal wo soll ich denn das Geld hernehmen, Nein, das geht nicht und besonders bey so einem Menschen wie Stuhr nicht, das kön<n>te böse Kämpfe setzen. Recht vielen vielen Dank indessen für dein schönes Geschenk, ich glaube doch nicht daß er mir es spendi<e>rt hätte.* Der ganze Brief ist von Heimweh nach der Familie durchzogen. Am Schluss heißt es: *Adieü, liebe Mutter. Leb wohl ewig deine Lene.*
Worum es sich bei dem Geschenk handelte, lässt sich nur vermuten. Vielleicht, im Hinblick auf Lenes Frostempfindlichkeit, um einen Muff mit passender Kappe? Oder sogar um Pelzmantel oder -decke? In diesem Winter fährt man auf der Treene zur Belustigung mit Schlitten in Tierformen herum. Freundin Doris ist zu Gast, und Stuhr und ein anderer Herr schieben die Damen auf Schlittschuhen vor sich her. Die Worte „böse Kämpfe" lassen vermuten, dass die junge Frau sich bei Auseinandersetzungen wehrt.
Vom Dezember des zweiten Ehejahres finden sich zwei Briefe Lenes an ihren Mann (in neuer Schreibweise nun *Jakob*), der sich trotz der winterlichen Beschwernisse auf die Fahrt nach Kopenhagen gemacht hat. Er wird den Weg über Flensburg genommen und dort bei der sich ständig verschlechternden Wirtschaftslage Aufträge seines Vaters für Verhandlungen mit der Regierung erhalten haben, die ihm auch Schwiegervater Woldsen mitgegeben hatte. Für eigene Vorhaben in Friedrichstadt musste er staatliche Genehmigungen erhalten. Seine Rückkehr hat sich über Weihnachten hinaus verzögert. Lene fürchtet für seine nicht stabile Gesundheit, und dass er durch Ärger in Kopenhagen wieder krank werden könne. *Du weißt ja daß nichts so nachtheilig auf Deine Gesundheit wirkt als Aergerniß,* [...] *fange überhaupt an guter Jakob die Dinge um Dich her mit gleichgültigeren Augen zu betrachten, Du machst ja doch durch Dein Sorgen nichts besser und Du bist es mir und Dir doch schuldig Deine Gesundheit zu schonen, die wirklich in dem letzten Jahre so gelitten hat.* Trotzdem: [...] *Sey nur recht munter und bringe ein vergnügtes Gesicht mit nach Hause.*
Denn dort ist allerhand los. Lene – jetzt auch noch erst 19-jährig – hat es sich ohne ihren strengen Mann gut gehen lassen; sie hat den Geburtstag des geliebten Vaters drei Tage lang in Husum mitgefeiert; [...] *da konte ich doch ohnmöglich den Fo<r>derungen meines Hertzens widerstehen daß mich trotz den schlechten Wegen gewaltsam nach Husum zog.* Ihre jüngere Schwägerin Trine (Catharina) Stuhr und die 13-jährige Schwester Lucie hat sie danach mit zu sich nach Hause genommen. *Lucie, die ganz die Freuden des Sünter Clas*[98] *genießen wolte* [...]. Der 22 Jahre alte Schwager Christoph Stuhr hat auch vorbeigeschaut, um dann Trine mit zurück nach Flensburg zu nehmen. [...] *unser Haus gleicht beinahe einer Assemblee, so lebhaft ist es jetzt bey uns, ich fürchte nur die Veränderung, wenn ich es wieder so ganz stille danach haben werde.* [...]. *Sey recht gegrüßt und geküßt von Deiner treuen Lene.* (7.12.1810) Einer Lene, die durch die Blume sagt, dass sie sich auf die Rückkehr des Ehemannes nicht übermäßig freut.

Den zweiten Brief verfasst die junge Frau aus Husum, wo sie Weihnachten 1810 verbringt. Über den einst so bedeutenden Handelsherrn Friedrich Woldsen schreibt dessen Enkelin: *Der alte, gute Großvater steht auf schwachen Füßen und es naht sich mit ihm fürchte ich zu einem baldigen Ende, ich weiß auch nicht, ob das Leben zu wünschen für ihn eine Wohlthat wäre, denn so wie es jetzt ist lebt er wahrlich sich selbst zur Last, er hat sich nach Dir erkundigt und auch von ihm habe ich Dich zu grüßen.* Wirklich starb der Großvater am 4.1.1811 und mit ihm eine ganze Epoche.

Eigentlich war Lene, wie ihr Mann wusste, in Flensburg freundlichst zum Fest eingeladen. Doch nun ist sie höflichst wieder ausgeladen: *Mutter fürchtete daß Trine während der Zeit daß sie bey uns gewesen wäre sich zuviel zerstreut haben möchte, worin verschiedene Bemerkungen von Christoph die zum Theil mit zu grellen Farben geschildert waren, sie wohl noch bestärkten.* Trine soll nämlich bald konfirmiert werden und ihre fromme Mutter ordnet an, dass sie das Mädchen nun nach der allzu lockeren Zeit bei Lene [...] *einige Tage hindurch ganz allein haben möchte, um ihr den wichtigen Schritt, den sie <zu> thun im Begriff ist in seiner ganzen Größe und Wichtigkeit vorzustellen, daher der Wunsch, dass ich etwas später kommen möchte, jetzt reise ich* [...] *zu Neujahr herüber* [...]. *Und nun lieber guter Jakob lebe herzlich wohl und komme balde zurück, es erwartet Dich ein treues Hertz und die offene<n> Arme Deiner Lene.*
Es muss im Jahre 1811 gewesen sein, als Lenes damals für viele Frauen übliche Leidenszeit mit einer engen Abfolge von Schwangerschaften beginnt. Das wird aus einem Brief deutlich, den Anna Stuhr ihrem Sohn schrieb (Anrede und Datum sind herausgeschnitten), und in dem sie ihm kräftig die Leviten gelesen hat. Das Verhältnis zur Schwiegermutter hat sich wieder angenehm entwickelt; wenn Lene in Flensburg hätte leben können, hätte sie sicher eine Stütze an ihr gehabt. Die junge Frau hat gerade eine Fehlgeburt erlitten, „Zufall" genannt, und befindet sich danach in einem Ausnahmezustand, der sich in solchen Fällen in Depressionen, Angstzuständen, Wut äußern kann. Darüber hat sich Stuhr wohl brieflich bei seiner Mutter beschwert. Diese schreibt:
Was die häuslichen Vorfälle anbetrifft, habe ich im beiliegenden Brief [dieser ist nicht erhalten] *Deiner Lene geschrieben<.> Schone und beschütze ihre Gesundheit, lieber Jacob! sie stützt sich allein auf dich, jede andere junge Frau hat gewöhnlich Mutter, Freundinnen, oder Geschwister, denen sie sich ausschütten kann, – sie hat nur Dich!! – Wir sprechen hier oft darüber wie viel es gewagt ist, sich ganz einem Manne hinzugeben, – und einem Mann dessen aufwallende Heftigkeit uns so bekannt ist. – Schone auch ihr Gefühl, – beleidige dies nicht, sie fühlt sehr tief, – erhalte Dir die Liebe dieser mir, und von uns allen so sehr geliebten Tochter. – Habe Geduld mit etwaigen Schwächen, Du hast deren so viele mein Lieber! und mache sie so ganz glücklich, wie es die Pflicht eines Mannes ist, dem sich ein solches Kleinod ganz zu eigen gegeben hat. – Sollte sie wieder in der Lage kommen, die Euch beyden so glücklich machen würde, so wende ja alle Mittel an sie zu erhalten. – Ein wi<e>derholter Zufall wie dieser zieht nichts weniger nach sich als den Verlust körperlicher Gesundheit, und risquirt die Abnahme dieses so heitern und frohen Sinnes, den ich so sehr liebe an Deiner Lene. – Möchte sie diesen kindlichen, heitern Sinn doch noch lange behalten können, zu Deinem und ihrem Glück. Deine Mutter A. Stuhr*

Ob der Sohn sich diesen Rat zu Herzen genommen hat, ist zu bezweifeln. Er scheint ein äußerst schwieriger Mensch gewesen zu sein. Hervorragendes leistete Nicolaus Jacob Stuhr aber als Kaufherr, Reeder und Fabrikbesitzer in turbulenten Zeiten.[99] Zum Glück hatte sein Vater den Besitz in Friedrichstadt dem Sohn ganz überschrieben. Denn die für Dänemark katastrophale Entscheidung pro Napoleon traf besonders Flensburg mit seinem großen Hafen und seinem Überseehandel schwer. Die Kontinentalsperre von 1806–1813, die den Handel mit Großbritannien verbot, riss das Königreich und mit ihm die Herzogtümer in den Abgrund. England kaperte bis 1815 144 Flensburger Schiffe, davon allein 14 der Stuhrschen Flotte; weitere 138 Schiffe gingen der Stadt verloren.[100] Im Kieler Frieden 1814 fiel Norwegen, ein Hauptabsatzgebiet der Flensburger Kaufleute, gänzlich an Schweden. Nur die Niederlassung in Talvig bei Hammerfest in Nordnorwegen blieb dem schwer getroffenen Handelshaus Stuhr erhalten. Hier hatte Vater Stuhr zwei seiner Söhne untergebracht.

Nordfriesland profitierte allerdings insgesamt von der Kontinentalsperre. Britische Ware wurde über das seit 1807 englische Helgoland illegal in die kleinen Westküstenhäfen verbracht. Von dort ging es mit Küstenschiffen nach Altona und Hamburg oder die Bauern übernahmen den Transport per Wagen. Als Theodor Storm Jahre später zum Schulbesuch nach Lübeck kam, wurde er dort noch als „Schuckelmeyer" gehänselt, ein Spottname für schleswigsche Schmuggler.[101]

N. J. Stuhr konnte sein Geschäft dank der Ölmühle, einer Licht- und einer Essigfabrik sowie dreier Handelsschiffe zunächst durch die schwierige Wirtschaftslage bringen. In wenigen Jahren hatte er sich durch Tatkraft, breites kaufmännisches Wissen und wichtige Kontakte Anerkennung in seinem neuen Wirkungskreis geschaffen.

Als Napoleons Stern in Russland unterging, ergoss sich im Gegenzug die Flut der Kosaken mit der Armee des Allianzheeres über die früher von den Franzosen besetzten Gebiete. Am 9.12.1813 stand eine etwa 2.000 Mann zählende Kosakentruppe unter Führung des Generals von Tettenborn am Ufer der Eider Friedrichstadt gegenüber und drohte, die Stadt durch Beschießung zu erobern. Die Bevölkerung geriet in Panik. Der Rat der Stadt wählte den jungen Stuhr und einen

Abb. 20: Georg David Thomsen, Marktplatz mit Kosaken-Biwaken und rauchenden Lagerfeuern, 1813[102]

Kollegen aus, als Parlamentäre die Verhandlungen zu führen, um die Stadt zu verschonen. Besonders durch Stuhrs Geschick und Furchtlosigkeit wurde diese Forderung erfüllt und die Sicherheit der Einwohner garantiert gegen Einquartierung der Krieger und Versorgung der Pferde. Nachts zogen die Kosaken über eine Notbrücke in die Stadt ein, verzichteten aber aufs Quartier und biwakierten in Zelten auf dem großen Marktplatz, wo sie ihre Lagerfeuer entzündeten. Am 9.1.1814 kapitulierte Dänemark. Danach zogen die Kosaken zur Erleichterung der Friedrichstädter ab. Es ist anzunehmen, dass Stuhr bei bedrohlichen Situationen als Dolmetscher (er sprach Russisch und kannte die russische Mentalität) und mit seiner Autorität deeskalieren konnte und sich so noch mehr Ansehen in der Stadt verschaffte.[103]

Wie erging es nun Lene in dieser gefährlichen Zeit? Mitten in all den Aufregungen lag sie im Wochenbett und hielt endlich ein gesundes Kind im Arm, den ersehnten Stammhalter, Friedrich Gustav Feddersen Stuhr, kurz „Fritz" genannt. Er war am 18.11.1813 geboren worden. Vor ihm war nach der von Anna Stuhr (s. o.) erwähnten Fehlgeburt schon ein weiteres Kind tot zur Welt gekommen; ein Vermerk vom 4.10.1812 im Husumer „Grabbuch" über die Beisetzungen in der Woldsen-Gruft lautet: „N J Stuhrs aus Friedrichstadt kleine Tochter." Bezeichnenderweise wird immer nur der Vater erwähnt.[104] Es war eine Totgeburt oder ein früh verstorbener Säugling, der hier beigesetzt wurde, denn eine Kusine Lenes schrieb noch am 20.9.1812 an deren Mutter: *Bald hoffe ich von Lene eine erwünschte Nachricht zu erhalten* [...], *kein Schmerz ist leichter vergeßen als der bei der Geburt eines Kindes<,> der Anblick desselben verwandelt Schmerz in Freude.*[105]
Im Jahr nach Fritz' Geburt 1813 ist die junge Frau wieder schwanger. Eine (vermutlich) frühere Hauslehrerin der Woldsen-Schwestern schreibt ihr im März 1815:
Die Schilderung Deines mütterlichen Glücks erfreut mich so innig, daß ich es Dir nicht aussprechen kann, die gütige Vorsehung erhalte Dir dies liebe Kind [Fritz], *und lasse die schwere Stunde glücklich vorübergehn, und schenke Dir ein Töchterchen Dir gleich an Geist und Körper, mir aber die Freude dies holde Kleeblatt einmal an mein Herz zu schließen.*[106] Im Mai 1815 kann man sich in der Tat über eine kleine Elsabe freuen, die aber nur 1 1/4 Jahr alt wird, ehe die Woldsen-Grabstätte in Husum auch sie aufnimmt. In den ersten viereinhalb Ehejahren hat die junge Lene also vier Schwangerschaften durchgemacht, aus denen nur ein lebensfähiges Kind hervorging. Schwangerschaft und Geburt waren damals gefährlich, und danach drohte noch das oft tödlich verlaufende Wochenbettfieber.
Aus Familienbriefen wissen wir, dass Mutter Woldsen nach Möglichkeit Lene bei Geburten und nach Fehlgeburten beistand und die nächstältere Elsabe dann den Husumer Haushalt führte. Diese, die erst mit fast 26 Jahren ihren geliebten Ernst Esmarch heiraten konnte, als er eine Stellung als Bürgermeister bekam, gebar dann zehn das Erwachsenenalter erreichende Kinder.[107] Lucie, die jüngste Woldsen-Tochter, hatte 12 Schwangerschaften hinter sich zu bringen und davon nur sieben Kinder behalten. Am 18.9.1817 wurde sie glücklich von ihrem Erstgeborenen Hans Theodor Woldsen Storm entbunden. Von den Töchtern starb die kleine Lucie schon mit sechs; Helene, eine hochbegabte Pianistin, wurde mit 27 Jahren ein Opfer des Wochenbettfiebers; auch ihr Kind überlebte nicht.
Nicht nur für die Eltern, auch für die Geschwister war das häufige Sterben von Schwestern oder Brüdern schwer, wie es Lene selbst in Kindheit und Jugend erfahren musste. Storm vermochte es, auch dieser Art der Trauer künstlerischen Ausdruck zu verleihen. In dem Gedicht *Lucie* heißt es viele Jahre nach dem Tod dieser geliebten kleinen Schwester:

[...]
Nicht war sie klug, nicht schön; mir aber war
Ihr blass' Gesichtchen und ihr blondes Haar,
Mir war es lieb; aus der Erinnrung Düster
Schaut es mich an; wir waren recht Geschwister.
[...]
Was hab' ich heute denn nach dir gebangt?
Bist du mir nah, und hast nach mir verlangt?
Willst du, wie einst nach unsern Kinderspielen,
Mein Knabenhaupt an deinem Herzen fühlen?[108]

Was der traumatisierende Verlust eigener Kinder mit den jungen Frauen im gebärfähigen Alter machte und was die Themen ihrer Gespräche bestimmte, ist vorstellbar. Schwangerschaften, Geburten, Wochenbetten, Stillprobleme, Kinderkrankheiten und Kindersterben waren ständige Begleiter des Frauenlebens. Dazu kam häufig die Pflege der ältesten Familienmitglieder oder alter Dienstboten, die sich ihr „Gnadenbrot" verdient hatten. An Zeit für sich selbst, an die Verwirklichung geistiger oder musischer Interessen war kaum zu denken. Eine Ausnahme bildete hier Anna Stuhr, die trotz ihrer 13 lebend geborenen Kinder Muße für ihre Neigungen, besonders eine anspruchsvolle Korrespondenz, fand. Allerdings lebte sie lange Zeit in sehr wohlhabenden Verhältnissen und konnte sich zur Erholung in ihr Landhaus zurückziehen.

Die ständige Überforderung der Frauen führte oft zu Krankheitszuständen, manchmal auch zum Tode. Von Storms Mutter Lucie wird berichtet, dass sie erschöpft und mit Magenbeschwerden häufig tagelang im Bett lag, was als Nervenüberreizung bezeichnet wurde, aber wohl schlicht eine „Auszeit" war. Die vorher so heitere Lene scheint den Briefen ihrer Schwiegermutter und einiger Freundinnen nach fast schwermütig geworden zu sein. Die große Reizbarkeit ihres Ehemannes, der mit geschäftlichen Problemen kämpfte und gern prozessierte, war eine weitere Belastung. Lenes tiefes Glück war der kleine Fritz, ängstlich behütet, mit Liebe überschüttet. Die Aufzucht der Sprösslinge, ihre Ernährung, Bekleidung, Erziehung (nach Anordnung des Hausherrn) war fast allein Sache der Frau, ebenso wie das Führen der bei vielen Familien großen Haushalte und das Anweisen – so vorhanden – der Dienstboten. Manch junge Ehefrau, die ihr frohes Mädchenleben vermisste, wird sich an einen ähnlichen Ausspruch erinnert haben, wie ihn eine der bei Bällen Aufsicht führenden Mütter in Wien zu tun pflegte: *Kinder, seid nur recht lustig, unterhaltet euch gut, hernach ist's aus, dann muss doch jede ihr Kreuz auf sich nehmen.*[109] Dazu galt es, das gerade in Kriegszeiten knappe Haushaltsgeld klug einzuteilen. In den oberen Ständen mussten hin und wieder Einladungen zum Essen mit Gästen finanziert und einigermaßen präsentable Kleidung angeschafft werden. Aber auch dieser Schicht war kein luxuriöses Leben mehr möglich; die Geldentwertung nach dem Bankrott des dänischen Staates traf alle Klassen. Die bisher in Silbermünzen zahlende Bank in Altona wurde zum Entsetzen der Schleswig-Holsteiner aufgelöst und nach Kopenhagen überführt. Statt der massiven Courant-Reichstaler druckte man ab 1812 Notgeld-Scheine auf Papier, so genannte Repräsentative, die rasch stark im Kurs fielen.

Hierdurch bahnte sich ein langer Streit von N. J. Stuhr mit der dänischen Regierung an, deren Verpflichtungen ihm gegenüber er in Silber bezahlt haben wollte, wie abgemacht. Des Öfteren tauchte er deswegen in Kopenhagen auf. Er hatte mit den offiziellen, aus Altona stammenden Agenten des Königs „bedeutende Contrakte" geschlossen und war dabei nie von den Bankiers auf den ihnen bekannten bevorstehenden Zusammenbruch der Währung hingewiesen worden. Stuhr schrieb Eingaben, die von den Behörden gar nicht oder abschlägig beantwortet wurden, zumal sie stets einen angemessen untertänigen Ton vermissen ließen, den er ablehnte.

Das Jahr 1815 wurde ein Schicksalsjahr, das glücklich anfing und traurig endete: Nicht nur, dass zunächst im Mai die schon erwähnte, ersehnte Tochter geboren wurde. Der Magistrat der Stadt schlug den Deputierten Bürger Stuhr für das ehrenvolle Amt eines Ratsherrn vor. Wie stolz mag Lene gewesen sein, bald „Frau Rathsherrin" zu werden und nach ein paar Jahren noch stolzer, den auch in Friedrichstadt in „Senator" umgewandelten Titel als „Frau Senatorin" zu besitzen, so wie ihre Mutter in Husum! Denn als Anhängsel des Mannes trug die Ehefrau dessen Titel ebenfalls; vielfach war das noch bis ins 20. Jahrhundert hinein üblich.
Von der Verwaltung in Gottorf aufgefordert, schrieb der Stadtpräsident Ketelsen im August 1815 eine Beurteilung des Kandidaten Stuhr, die in fast jeder Hinsicht ausgezeichnet ausfiel: Nikolaus [so nun die Schreibweise, die öfter zwischen c und k wechselt] Jacob Stuhr sei ein Kaufherr mit europäischen und überseeischen Kontakten. Seinen ausgedehnten Handel betreibe er mit drei großen *„Kauffahrteyschiffen"*, die er auch als Reeder vermiete. Er besäße eine große Ölmühle, Wohn-, Pack- und Fabrikgebäude sowie Grundstücke. Die Länder, in denen er gelernt oder sich kaufmännisch betätigt habe, seien England, Spanien, Italien, Frankreich, Russland und natürlich Deutschland, Dänemark und Norwegen; demzufolge beherrsche er mehrere Sprachen. Er habe ein starkes Gefühl für das Recht und die bürgerlichen Freiheiten, in dem er sich niemals irremachen ließe. In den Jahren als Deputierter Bürger habe er sich mit *„Einsicht, Eifer und Thätigkeit"* dem Gemeinwesen gewidmet.[110]
Auch den Schwachpunkt in Stuhrs Charakter, die laut seiner Mutter *aufwallende Heftigkeit*, verschwieg der Stadtpräsident den Gottorfer Herren nicht, die damit wohl selbst Bekanntschaft gemacht hatten: [...] *die vermeinte Überzeugung einer ihm widerfahrenen Kränkung seiner Ehre und bürgerlichen Gerechtsame haben ihn dann und wann zu Beschwerden und Prozessen verleitet, die er bey ruhiger Überlegung gewiß würde vermieden haben.* Er sei aber stets durch einen vernünftigen Rat wieder zur Besinnung gekommen. Ketelsen schließt mit den Worten: *Für die arbeitende Klaße der Stadt ist Stuhr ein wohlthätiger Mann, indem er vielen kleinen Bürgern Nahrung und Verdienst verschafft, und mehrere Familien ganz allein in seinen Diensten stehen. Unstreitig ist er einer der nü<t>zlichsten Bürger für die Stadt.* Aufgrund dieser Beurteilung war die Ernennung zum Ratsherrn gesichert und Lene konnte sich im Glanz des neuen Titels sonnen.[111]

Schicksalsschläge

Dann aber wendete sich das Glück. Stuhr verlor durch Piraterie zwei seiner großen Handelsschiffe mitsamt der Ladung vor der Küste Nordafrikas. Dorthin brachte man Holz, Hanf, Flachs und bekam dafür aus den sogenannten „Barbareskenstaaten" Dinge wie Wein, Salz, Südfrüchte. Die Verträge aber, die Algier und Tripolis mit dem dänischen Staat geschlossen hatten und die Schutzbriefe gegen Piraten boten, waren durch dessen Insolvenz nichtig geworden, ohne dass die Kaufleute gewarnt worden wären. Dieser Verlust traf die Firma schwer und der junge Reeder verlangte staatliche Wiedergutmachung. Jahrelang führte er diesen Streit, ohne jedes Ergebnis, denn „wo nichts ist, da hat der Kaiser sein Recht verloren."

Auch in Flensburg sah die Lage schlecht bis verzweifelt aus. Unzählige Schiffe waren gekapert worden, besonders von den Briten in der Nordsee. Ab 1808 war das französische Heer für Monate einzuquartieren und zu beköstigen gewesen und auf ihrem Durchmarsch 1814 forderten die Kosaken Heereslieferungen trotz einer dänischen Währung, die fast völlig entwertet war. Zudem waren Norwegenhandel und Grönlandfahrerei für die Stadt weggebrochen.
Am Ende dieses Jahres aber traf die gesamte Familie Stuhr ein furchtbarer Schlag. Mutter Anna starb plötzlich, eine Woche vor Weihnachten, mit 49 Jahren. Mit ihrem unerschütterlichen Gottvertrauen, ihrer Intelligenz und Willenskraft war sie für ihren Mann und die nun fast alle erwachsenen Kinder (nur Carl und Friederica waren erst 17 und 15 Jahre alt) in diesen wirren Zeiten ein fester Halt gewesen. Auch für Lene war das ein äußerst schmerzlicher Verlust. Ihre Beschwerden über ihren hitzigen Mann und andere Sorgen waren bei Frau Anna aufgefangen worden und diese hatte schriftlich Trost und Zuspruch gegeben. Bei Familienbesuchen wird Lene sich gern in den Trubel der großen Stadt Flensburg begeben, die herrliche, Kiel vergleichbare Lage der Stadt mit der buchengesäumten Förde genossen haben wie die Aufenthalte oben im Landhaus mit dem schönen Park. Lene, die „Menschenfreundin", wird viel Spaß bei Treffen mit Jakobs zahlreichen Geschwistern gehabt haben, aufgehoben in der Liebe der Schwiegermutter und der Zuneigung der ganzen Familie. Dort wird, wie im Husumer Elternhaus, wohl etwas von ihrem mädchenhaften Frohsinn zurückgekehrt sein. Auch ihrem Mann wird seine Mutter mit ihrem klugen Rat unendlich gefehlt haben.
Ein zweiter schwerer Schlag traf das junge Ehepaar wenig später. Die kleine Elsabe starb, wie erwähnt, im August 1816 und fand ihre Ruhestätte in der Woldsen-Gruft in Husum. Es gibt Briefe mit Hinweisen auf weitere Schwangerschaften bei Lene, aber sie konnte kein Kind mehr austragen, so dass zu beider Kummer allein Fritz der Liebling der Eltern blieb. Oft machte Lene mit ihm Ausflüge nach Husum, um am dortigen Familienleben teilzunehmen und besonders vom Vater die liebevolle Zuwendung zu erhalten, die vom eigenen Mann wohl eher karg bemessen kam. Es war wohl eine solche Situation nach dem traurigen Ende einer Schwangerschaft, als Lene auf einem undatierten Zettel [ca. 1817/18] an ihre Mutter auf deren Einladung schreibt, dass sie unabkömmlich sei, [...] *auch möchte ich Stuhr fürs Erste nicht gerne allein lassen, und zum mitfahren ist er nicht zu bewegen, doch wünsche ich so sehnlich nach Husum zu kommen daß mir diese Aufopferung recht schwer wird, auch um meines Fritzens wegen der von nichts als der baldigen Aussicht spricht nach Husum zu kommen und im<m>er sich erkundiget ob die Wege denn noch nicht fahrbar sind, er hat eine unbeschreibliche Sehnsucht nach Husum.*
Über ihren Schwager Heinrich Stuhr, der sich bei Woldsens aufhält, heißt es: [...] *seine Absicht war* [...] *diesen Abend wieder zu kommen, beredet ihn nur noch immer einige Tage dort zu bleiben, denn so gerne wie wir ihn hier haben, so siehst du leicht ein, daß des erfreulichen hier wenig bey uns ist, und warum soll er denn grade diesen Kummer mit uns theilen. – Was macht mein guter Vater, grüße ihn tausendmal, wie sehr wünschte ich jeden Kummer von ihm entfernt* [...].
Hinzu kam noch eine andere Schwierigkeit. In Friedrichstadt ging es um die Neubesetzung des vakanten Bürgermeisterpostens. Man glaubte, in Nikolaus Jacob Stuhr die passende Führungsfigur gefunden zu haben. Das Votum für ihn war einstimmig und wurde auch von der Regierung unterstützt. Doch Stuhr lehnte diese ehrenhafte Nominierung für den Posten, der von ihm selbst als das „achtbarste Amt" bezeichnet wurde, schlankweg ab. Sehr formell schrieb er am 27.9.1816 in einem „Allergehorsamsten Gesuch" an die „Schleswig-holsteinische und lauenburgische Can-

zelei" in Kopenhagen, er bäte darum *ihn mit der Stelle als Bürgermeister hieselbst, wozu ich presentiert bin, zu verschonen.*[112] Erneut führte er die Gelegenheiten an, bei denen er nicht sein Recht bekommen und die Regierung Wiedergutmachung verweigert habe, obwohl er an *die Gnade und Gerechtigkeitsliebe seines Monarchen* appelliert hätte. Er sei nun *belastet mit Nahrungssorgen und Anstrengungen einer ängstlichen Existenz*, und deswegen nicht imstande, als verarmter Mann das Bürgermeisteramt auszufüllen.
Das war eine starke Übertreibung. Stuhr besaß inzwischen wieder drei Schiffe, vom ausgedehnten Grundbesitz und den Fabriken in der Stadt ganz zu schweigen.

Die Bürger und der Rat hofften, der starrsinnige Mann werde sich umstimmen lassen. Hier fehlte Mutter Stuhr. Seine Frau war viel zu jung und unerfahren, um ihren Mann beeinflussen zu können. Neun Monate später, als die Stadt und Lene immer noch auf den designierten Bürgermeister Stuhr hofften, schrieb dieser dem Statthalter in Schleswig in einer *offenherzigen Erklärung*, dass es ihn sehr schmerze, ein Amt auszuschlagen, für das man ihn würdig befunden habe und von dem er sich zutraue, es zum Besten aller Bürger ausüben zu können. Aber: *Wie kann ich ein Richteramt mit Vertrauen annehmen, wenn mir selbst das Recht nicht bewilligt ist und wie kann ich ein solches mit Würde vorstehen ohne Vermögen und mit ängstlichen Nahrungs-Sorgen gequält, verursacht allein durch höhere Behörden, für die ich Achtung und Liebe hegen soll?*[113] Gezwungen durch Willkür und Undank der königlich-dänischen Behörden werde er also entweder in Friedrichstadt *ein Geschäft im Kleinen* betreiben oder *mit schmerzendem Herzen* sein geliebtes Vaterland verlassen, dem er viel geopfert habe, in dem aber für Menschen mit seinem Rechtsverständnis kein Platz sei.
In vielen europäischen Staaten in der Zeit der Restauration und der Wiederherstellung des alten Despotismus (siehe Wiener Kongress und Karlsbader Beschlüsse) beginnt es unter der Ruhe des „Biedermeier" langsam zu gären und im erstarkenden Bürgertum waren manche Ideale der französischen Besatzer nicht ganz vergessen. Freier Bürger in einem freien Land zu sein, das ist damals nur auf der anderen Seite des Ozeans zu verwirklichen und diese Idee greift auch in der Familie Stuhr um sich. Für Lene müssen solche Überlegungen fürchterlich gewesen sein. Schon, als sie damals ihren Eltern schriftlich vom Ablauf ihrer Verlobung berichtete,[114] hieß es: *Wie glücklich bin ich doch daß ich so ganz in eurer Nähe bleibe* [...]. Aus dem vorliegenden Material und dem Ablauf von Lenes Leben erschließt sich, dass das Elternhaus und die Verbindung zu den Schwestern Elsabe und Lucie und deren Familien für sie lebenswichtig waren. Eine Ehe, in der sich kein innigeres Verhältnis zwischen den Partnern entwickelte und aus der nur ein Kind hervorgegangen war, war für sie nur durch Einbindung in den alten Familienverband zu ertragen. Wie viel Kummer mag es oft gegeben haben, wenn eine Frau durch den Ehemann zur Auswanderung gezwungen wurde!
Aus der Nähe zu Husum entstand eine besonders enge Beziehung zur sechs Jahre jüngeren Lucie. Sie wurde, auch erst 18-jährig, im Sommer 1816 vermählt an den Husumer Advokaten Johann Casimir Storm, der ein Leben lang der juristische Berater für Schwager Stuhr in Friedrichstadt war, später für dessen Witwe Lene und den Firmenerben Fritz. Neue Fäden knüpften sich durch die enge Kinder- und Jugendfreundschaft der beiden Söhne Fritz Stuhr und des etwas jüngeren Theodor Storm mit vielen wechselseitigen Besuchen. Diese Freundschaft hielt ein Leben lang. Storm mag besonders angezogen worden sein von der Lebenslust seines Vetters, einem Erbteil von Lene.[115]

Dass N. J. Stuhr Patenonkel von Theodor war, scheint keine besondere Rolle gespielt zu haben. Einmal heißt es bei Storm, dass er öfter mit seinem Vater [...] *nach dem benachbarten Friedrichstadt, der sauberen Treenestadt, wo mir ein Onkel wohnte* [...], gefahren sei.[116] Allerdings könnte Stuhrs ausgeprägter Sinn für bürgerliche Freiheit und seine Abneigung gegen die Willkür adeliger Despoten den Jungen schon früh beeindruckt und seine spätere eigene Haltung mitgeprägt haben, denn in der Husumer Familie hörte er vom deutsch gesinnten, aber königstreuen Vater solche Töne nicht.

Noch einmal wird der Onkel im Unglücksjahr 1820 erwähnt, als der Senator Simon Woldsen mit 66 Jahren im Oktober stirbt, zum großen Schmerz besonders seiner Töchter. In der Erzählung *Im Saal* sagt die Großmutter zu ihrem Enkel: *Du warst damals erst sechs Jahre alt und standest am Sarg zu weinen. Dein Vater war ein strenger rücksichtsloser Mann. „Heule nicht, Junge," sagte er und hob dich auf den Arm.*[117] In dieser Szene sind, wie wir aus den Erinnerungen des Dichters *Aus der Jugendzeit* wissen, Vater und Sohn Stuhr gemeint.[118] Das Wort „rücksichtslos" ist hart, zumal Storm bei diesem ersten Eindruck vom Onkel Jakob erst drei Jahre alt ist. Der hatte selber im gleichen Jahr ein furchtbares Ereignis zu verkraften gehabt, dass ihn und seine Familie noch schlimmer traf als der Tod von Mutter Anna vor fünf Jahren.
Ein halbes Jahr zuvor, am 3. April 1820, hatte sich Lenes Schwiegervater Peter Clausen Stuhr, vor einem Jahrzehnt einer der größten und reichsten Kaufherren der Stadt, nach dem völligen Bankrott seines Hauses das Leben genommen. Der Verfall der dänischen Währung und der Verlust vieler Schiffe mitsamt der Ladung, das Ende des Westindienhandels, das Wegbrechen des Absatzmarktes Norwegen, das Einstellen der Grönlandfahrten hatten das Handelshaus Stuhr und mit ihm alle dort angestellten Menschen in den Abgrund gerissen. Stuhrs Verzweiflung war durch den Verlust seiner innig geliebten Frau gesteigert worden, neben der er beerdigt wurde.
In einer Chronik der Stadt Flensburg für 1820 heißt es, es habe allein in diesem unseligen Jahr 32 Konkurse gegeben. *Traurigster Fall war der des Großkaufmanns Peter Clausen Stuhr, ein einsichtsvoller, muthiger Mann, ein Patriote im wahren Sinne.* [...] *Der Krieg und unverschuldete Unfälle brachten ihn um sein Vermögen, seinen Credit, sein Leben, so daß er, wie der Merkur in seiner Todes-Anzeige sagte, als ein Opfer seiner Zeit fiel.*[119] Zu Ehren des Verstorbenen erschien im Flensburger „Merkur" vom 9.4.1820 ein Gedicht, in dem es hieß:

Er braucht kein Monument. Die nahe Mühlenflur,
Die Er zur schönsten Landschaft hat gewendet,
Nennt später Nachwelt noch den Namen Stuhr![120]

Der Park auf der westlichen Höhe Flensburgs, jetzt unter dem Namen „Christiansenpark" bekannt, ist immer noch eine Hauptsehenswürdigkeit der Stadt und die große Straße, die dort hinführt, heißt weiterhin „Stuhrs Allee".

Die Wirkung dieses Ereignisses auf Stuhrs Kinder und ebenso auf Lene muss niederschmetternd gewesen sein. Allein den Vater auf solche Art und Weise zu verlieren war ein schwer zu überwindender Schock. Dazu wurde der gesamte Flensburger Besitz versteigert und der Gewinn unter den Gläubigern verteilt. Lange Zeit hatten Lene und ihr Mann sich wohl vorgestellt, dass er als Ältester einmal die väterliche Firma übernehmen, und sie dann in Flensburg zusammen mit den

Abb. 21: Carl Nöbbe, Stuhrs Landschaftsgarten von Norden, um 1800. Das Bild zeigt den Park in der Entstehung mit den Anfängen der heutigen Stuhrs Allee; das Landhaus von der Rückseite, rechts die Bundsen-Kapelle. Die übrigen Gebäude (auch die neugotische Kirche und die Mühle) wurden später entfernt. Das Tor aus Walrippen weist auf die Bedeutung des Walfangs für Stuhrs Flotte hin.

alten Eltern Stuhr im Landhaus im Park und im Stadthaus an der Großen Straße leben und den Mittelpunkt der Familie auch für die Geschwister bilden würden. Und dass vielleicht ihr Fritz der nächste Großkaufmann dort werden würde. Stattdessen starrten sie nun fassungslos auf die Listen für den: *„Oeffentlichen Verkauf" der Konkursmasse des weil. Kaufmanns Peter Cl. Stuhr.*[121] Von Bundsens Landhaus mit Lustgarten, Wind- und Rossmühle: *Das Ganze hat eine äusserst romantische Lage mit einer reizenden Aussicht über die Stadt, den Hafen und eine gleichfalls interessante Umgegend* über das Stadthaus : [...] *bey einer Anzahl von 2 Sälen, 16 diversen Zimmern und Kammern, 3 Küchen, eine elegante und bequeme Wohnung* mit seinen Kaufmanns-Höfen und einem Nebenwohnhaus, über Kutschen und Schlitten mit Bärenfellen, Sofas und Mahagoni-Möbel, Orangenbäumchen und Rentierhörner bis zum Essgeschirr, einer *Parthey engl. Fayance* und den Betttüchern kam jedes Stück unter den Hammer. Im Januar des folgenden Jahres wurden noch angeboten: *die Fregatte Ariadne, groß 110 Commerzlasten, und die Brigantine Disco, groß 74 Commerzlasten* [...], *mit komplet<t>em Inventario.*

Alle Nachkommen der Familie Stuhr verließen nach diesem Fiasko fluchtartig die Stadt Flensburg und kehrten nie wieder zurück. Zum Glück hatte Peter Cl. Stuhr als vorausschauender Kaufmann Teile seines Vermögens zur rechten Zeit so angelegt, dass die Gläubiger keinen Zugriff darauf hatten. Außer für die Friedrichstädter Liegenschaften galt das für die Niederlassung in Talvig. Doch der Schmerz darüber, Eltern, Heimat und Besitz mit unverschuldeter „Schande" behaftet für immer verloren zu haben, brachte einige der Geschwister dazu, sich wieder dem Thema Auswanderung zuzuwenden. Man wartete darauf, wie der älteste Bruder als das jetzige Oberhaupt der Familie die Sache entscheiden würde. Bei solchen Unternehmen war es sicherer, den großen Schritt im Familien- oder sogar Dorfverband zu wagen.

Aus einem Brief des 14 Jahre jüngeren Carl an Jakob aus Lissabon vom April 1821[122] wissen wir, dass der Ältere Pläne für eine Übersiedlung nach Brasilien erwog. Carl bevorzugte eine Zukunft als Siedler am Mississippi. N. J. Stuhr hatte wieder einmal einen Prozess gegen die Regierung laufen (den er verlor). Sein zukünftiger Schwager, Elsabe Woldsens Verlobter Ernst Esmarch, hatte ihn von seinem Posten bei der Kanzlei für die Herzogtümer in Kopenhagen aus inständig gebeten, seinen Ton gegenüber den Behörden zu mäßigen, ohne Erfolg.[123] *Constitution und abermals Constitution ist der Ruf von ganz Europa* [...] *!! Also ist es auch Dein Plan*, schreibt Carl, *Europa zu verlassen und irgendwo in einem anderen Welttheile in Ruhe Dein Leben zu beschließen?* [...] *Ich erwarte jetzt täglich Antwort sowohl von Brazilien wie auch von Nord-America auf einige Vorfragen, die ich dorten gemacht.* [...] *Gewiß würde es immer sowohl vortheilhafter als auch angenehmer seyn, solches zusammen zu unternehmen als wenn jeder für sich, weswegen ich auch Deinen Vorschlag gern gesehen.*[124]
Diese sich nun wiederholende Diskussion über eine Auswanderung wird Lenes angegriffenem Gemüt den Rest gegeben haben. Ihre Freundin Henriette Hempel schreibt ihr im März 1821: *Herzlich leid thut es mir Dich in einer so trüben Stimmung zu sehen, daß wir an Eurem Schicksal den aufrichtigsten Antheil nehmen seyd Ihr überzeugt, gewiß liebe Lene fühle ich wohl das Schwere und Drückende Deiner Lage, Du mußt aber den Muth nicht so ganz sinken lassen, es kann mit der Zeit doch noch alles wieder gut werden, Du wirst es Dir, meine Beste, bey ruhiger Überlegung gewiß auch selbst sagen, daß es für so viele unter ähnlichen Umständen doch noch trauriger ist,* [...] *die Zeit überwindet ja so vieles, also verzage auch Du nicht.*
Irgendwann wird der Plan eines Neuanfangs auf der anderen Seite des Ozeans sich erledigt haben. Eine große Rolle dabei spielte Fritz, der jetzt die Schule besuchte und an dem sowohl Vater wie Mutter mit allen Fasern hingen, zumal langsam deutlich wurde, dass es kein weiteres Kind geben würde. Fritz war ein in jeder Hinsicht wohlgeratener Junge und könnte der erhoffte ideale Erbe des Handelshauses werden. Auch war er ein wichtiges Mitglied des Familienverbandes Woldsen-Storm und oft in Husum mit seiner Mutter zu Gast. Dort war jetzt Schwester Lucie Storms junge Familie, die stetig wuchs, zur verwitweten Großmutter in das Familienhaus in der Hohlen Gasse gezogen. Die Zuckerfabrik war verkauft, und vielleicht hat auch ein Teil von Lenes Erbe daran der Firma Stuhr etwas aufgeholfen. Die mittlere Schwester Elsabe hatte 1821 endlich Ernst Esmarch heiraten können (übrigens ein Patensohn von Johann Heinrich Voß), der mit Vater Storm und auch mit Stuhr befreundet war. In Segeberg, wo die Esmarchs als Bürgermeisterfamilie im Rathaus lebten, war Lene stets herzlich willkommen. Beide Schwager – der konservative Storm und der besonnene Esmarch – werden Stuhr vom Abenteuer der Emigration abgeraten haben.[125]

In der ersten Hälfte der 1820er Jahre tauchen Stuhrs Geschwister zur Beratung in Friedrichstadt auf und in ihren späteren Briefen an den großen Bruder wird klar, dass sie nun doch ihre Zukunft in Europa sehen; alle haben ihr Auskommen. Peter wird sich als Professor für Mythologie in Berlin niederlassen, Christoph als Kaufmann in Hadersleben, Heinrich wird die Niederlassung in Talvig leiten zusammen mit Gerhard, dem Kapitän. Catharina („Trine") ist verheiratet mit dem spanischen Konsul in Kristiansund (Norwegen) und die beiden Jüngsten, Carl und Friederica („Fritze"), heiraten nach Friedrichstadt: Carl 1827 Margaretha Brill, mit der er zwei Söhne hat, und Fritze, die kinderlos bleibt, 1828 den Senator und Ölmüller Hermann Behrend Peters. So hat Lene nun sogar etwas angeheiratete Verwandtschaft am Ort und bald viel Spaß an Carls Kindern.

Dieser übernimmt die Geschäftsreisen ins Ausland und ist auch oft in Talvig, um den Kontakt zwischen den beiden Handelshäusern aufrechtzuerhalten.
Trotz dieser Lichtblicke hat Lene weiter unter der Unbeherrschtheit ihres Mannes zu leiden. Die Freude am Tanzen, die sie ihrem Sohn vererbt hat, hätte sie zum Beispiel gern gefördert. So schreibt Storm Jahrzehnte später (am 12.12.1861) an seine Mutter: *Das fragliche Kunststück übrigens habe ich zuerst auf einem Kinderball bei Fritz Stuhr gesehen, wo der zum Tanzen aufspielende Tanzmeister uns damit entzückte.*[126] Vater Stuhr schätzte diese Künste allerdings nicht. Es wurde gerichtlich aufgenommen, dass er, als Fritz 15 war, vor Zeugen den Bäcker Jebens lautstark beleidigte: *Übrigens muss ich Ihnen sagen, daß Sie ein sehr leichtsinniger Mann sind, da Sie es zugegeben, daß mein Sohn getanzt hat,* [...] *das ist schlecht und und* [!] *niederträchtig von Ihnen.* Der Stadtpräsident konnte in diesem Fall beschwichtigen, sodass es zu einem Vergleich kam.[127] Auch als Erwachsener tanzt Fritz noch gern und gut. So ist er von seiner Kusine Constanze in Segeberg 1846 als flotter Tänzer zur Silberhochzeit ihrer Eltern gebeten und sie ist über seine Absage sehr enttäuscht: *Daß Fritz Stuher* [!] *nicht kommt ist schlimm genug, wir hatten sicher als Tänzer mit ihm gerechnet.*
Über die Schwierigkeiten mit ihrem Mann konnte Lene wohl am offensten mit Lucie sprechen, in deren Ehe es auch nicht zum Besten stand. Im Juli 1827 sind beide in Husum zusammen, die Ehegatten sind verreist, Fritz ist mit der Großmutter in Segeberg. Ein Doppelbrief Lucies und Lenes geht dorthin. Hier erwähnt Lucie ihren Theodor brieflich: *Theodor ist Gestern nach Hahtstedt <Hattstedt> gegangen um <sich> dort mit Johannes Ohlhu<e>s zu amüsiren.*[128] Weiter heißt es dann über ihren Mann: *„Welch ein großer Unterschied zwischen nun und zwei Jahren, da Du nach Föhr verreist und Storm auch aus! Du weißt ich klagte so über seine Unarten –. Jetzt ist er aber in Deiner ganzen Abwesenheit so manierlich und nett gewesen, daß es mich recht gefreut hat.*
Jahre später bezeichnet Sohn Theodor in einem Brief an seine Braut die Ehe der Eltern als *unerquickliches Verhältnis* und führt ein Beispiel an: [...] *gestern Mittag ließ Vater seine Haustyrannenlaunen wieder so an Mutter aus, dass sie nachher stumm und krank die Hände rang.*[129]
Solch verbale Gewalt war eine Demütigung und Kränkung für die Frau des Hauses und geschah zudem oft vor Kindern und Dienstboten. Alle Rechte lagen beim Hausherrn; ein Schutz vor Herabsetzungen war unmöglich. Davon konnte Lene bestimmt bei Stuhrs cholerischer Veranlagung ein Lied singen. Nur Schwester Elsabe gelang es, solche Szenen gar nicht erst entstehen zu lassen. *In übermüthiger Laune pflegte sie später wohl: „C'est l'empereur" auszurufen, wenn ihr Mann würdevoll in's Zimmer schritt.*[130] Lene fügt dem Brief noch hinzu, wie sie sich freuen würde, wenn die Mutter bald von Segeberg zurückkäme, damit sie noch wenigstens bis zur Rückkehr ihres Mannes mit ihr zusammen sein könne, *lange fürchte ich wird Stuhr mir keine Ruhe lassen.* Zu Lenes Glück behielt sie ihre Mutter noch bis 1854; diese wurde 88 Jahre alt.
Die zweite Zuflucht neben Husum war Elsabes Heim im Rathaus von Segeberg, wo Lene mit Vergnügen die vielen Neffen und Nichten aufwachsen sah und der Schwester eine Hilfe sein konnte. An Gegenbesuchen im sommerlichen Friedrichstadt, wo Tante Lene Zeit und Platz für jedes einzelne Kind hatte, fehlte es nicht. Auch wenn die Storms mit Großmutter Woldsen nach Segeberg reisten oder Elsabe mit ihrer Kinderhorde nach Husum, führte der Weg über Friedrichstadt und bei Lene vorbei, denn man pflegte von dort ab via Rendsburg oder umgekehrt per Schiff auf der Eider bequemer und schneller als mit der Kutsche zu fahren.
Fritz hält sich weiterhin an Theodor; für die beiden ist der Rest der verwandten Kinder zu jung. Allerdings besucht Fritz, als der Vetter zur Klippschule gehen muss, schon die Allgemeine Stadtschu-

le, umgangssprachlich „Rectorschule" genannt, eine spezielle Höhere Bürgerschule für das aufstrebende Bürgertum. Er wird dort nach einer modernen Konzeption des ausgezeichneten Schulleiters Dr. Carl Christian Tadey (ein Sohn des bekannten Stuckateurs Tadey)[131] in den Sprachen Deutsch, Dänisch, Englisch und Französisch sowie in Mathematik, Geographie, Naturwissenschaften unterrichtet, denn das alles braucht man als Großkaufmann.[132] Für Theodor ist die Husumer Gelehrtenschule vorgesehen mit Latein und Altgriechisch; sein Weg soll auf die Universität führen.

Ein neuer Anfang für Lenes Familie

Nach der Aufgabe des Traums von der Auswanderung wendet sich N. J. Stuhr einer neuen Aufgabe zu. Er will auf der Halbinsel „Eiland" in einem Arm der Treene 1827 eine Salzsiederei errichten, was die Stadtgründer auch schon versucht hatten. Salz ist ein begehrter Artikel zum Haltbarmachen vieler Lebensmittel. Bisher aus Lüneburg nach Dänemark eingeführt, treiben die Importsteuern seinen Preis in die Höhe. Stuhr kündigt seinen und Fritz' Besuch in Segeberg an, um von dort aus die Technik der schwach produzierenden Saline in Oldesloe anzusehen.
Esmarchs haben gerade ein neugeborenes Kind verloren und der Schwager schreibt am 20.6.1827, dass seine Frau einigermaßen wiederhergestellt sei: *Ihr Besuch mit Fritz im Anfange des nächsten Monats wird uns daher sehr willkommen seyn, um die meiner Frau so nothwendige Zerstreuung jedoch noch zu begünstigen, würde es uns höchst angenehm seyn wenn Sie Ihre liebe Frau hieher mitbrächten und sie so lange hier laßen wollten, bis Sie wieder kommen.* Es wirft ein Streiflicht auf Lenes Ehe, dass ihr Mann mit dem Sohn reisen will, ohne seine Frau zur Schwester mitzubringen und damit beiden eine Freude zu machen.
1828 wurde das Salinengebäude errichtet. Mit eigenen Schiffen holte Stuhr Steinsalz aus England, das kaum mit Steuern belegt war. In der Siederei wurden die darin erhaltenen Bitterstoffe entfernt, bis die Qualität etwa dem des Lüneburger Salzes gleichkam. Der Erfolg war so zufriedenstellend, dass es durch Nachahmer 1837 drei Salzsiedereien in der kleinen Stadt gab. N. J. Stuhr nannte sich nun zusätzlich Salzraffinadeur und gilt als Begründer des Salzsiedergewerbes in Schleswig-Holstein.[133]
Doch wieder fand er sich in Konflikt mit der Regierung und prozessierte wegen zu hoher Besteuerung seines Feinsalzes. Ein weiterer Prozess ihres Mannes im März 1831 traf Lene persönlich tief. Sie musste erleben, dass Jakob seinen eigenen Schwager H. Peters, Fritzes Mann, anzeigte wegen gefühlter Beleidigung bei einem Kartenspiel. *Ich will Sie – Gott verdamm mich! – verklagen,* hatte Stuhr wütend gerufen. Zu einer gütlichen Einigung kam es nicht, die Prozesskosten wurden vor Gericht geteilt und das Verhältnis zu Fritze war seitdem belastet.[134]
Inzwischen hatte Fritz Stuhr die Schule in Friedrichstadt mit einem sehr guten Zeugnis beendet und begann nun mit 16 Jahren 1830 seine Lehre für eine Laufbahn als Großkaufmann. Durch den in Wirtschaftskreisen immer noch ausgezeichneten Klang des Namens Stuhr verschaffte sein Vater ihm eine der begehrten Lehrstellen bei dem führenden Handelshaus J. H. & G. F. Baur in Altona. Altona, das war eine Großstadt von damals 26.500 Einwohnern, die zweitgrößte im Königreich, an der Grenze zur weltoffenen Freien und Hansestadt Hamburg. Bei dem reichen Etats- und Konferenzrat Georg F. Baur gab es nach dem Zeitgeschmack am Elbhang in Blankenese einen wunderbaren Landschaftsgarten, wie Lene ihn als Braut und junge Frau in Flensburg bei den Stuhrs hoch über der Förde ähnlich erlebt hatte. Von einem Kanonenberg aus begrüßten Böllerschüsse die Baur'schen Schiffe auf der Elbe.[135]

Für die Eltern war es eine große Beruhigung, dass Fritz im ungewohnten Großstadttrubel zunächst bei der Familie Alsen/Scherff unterkommen konnte. Durch diese Verwandten war Altona neben Husum und Segeberg immer ein dritter Zufluchtsort für Lene gewesen. Tante Lucia Alsen war die liebenswürdige Schwester von Vater Simon Woldsen. Sie war mit dem Kaufmann Alsen verheiratet, der auch Geschäfte mit N. J. Stuhr machte. Bei ihnen war Lenes Schwester Lucie vor ihrer Konfirmation „in Pension" so wie Lene, etwas älter, es in Kiel gewesen war.[136] Von Interesse ist besonders ein Blick auf Alsens Tochter Friederike, geboren 1802, verheiratet mit Jonas Scherff, ebenfalls Kaufmann.
Obwohl sie eine Kusine ihrer Mütter war, stand sie Fritz Stuhr und Theodor Storm altersmäßig nahe. Friederike hatte als Konzertsängerin in hohem Maße die Musikalität der Woldsens geerbt; mit Auftritten war es nach der Eheschließung natürlich vorbei. Wenn sie in Friedrichstadt oder Husum zu Besuch kam, gab es häufig Familienkonzerte im Musikzimmer in der Hohlen Gasse. Gegenbesuche waren in Altona immer willkommen.
Zwischen Altona und Friedrichstadt gab es in den Jahren 1830 bis 1834, in denen Fritz Lehrling bei der Firma Baur war, einen lebhaften brieflichen Austausch. Nur von 1833 sind keine Briefe erhalten. Oft wird der Sohn gemahnt zu antworten; dabei hat er als Lehrling schon genug Schreibarbeiten am Pult im „Comptoir" zu erledigen. Die Briefe des Vaters, die sich vorwiegend mit geschäftlichen Dingen, Aufträgen und neuen Ideen beschäftigen, hat er aufbewahrt, die der Mutter leider wohl als nicht relevant empfunden, obwohl sie für eine Geschichte des Alltagslebens im Friedrichstadt und Husum der Biedermeierzeit sicher informativ gewesen wären. Einen Eindruck von Lenes Leben in dem jetzt kinderlosen Haus Stuhr können wir uns nur machen aus Randnotizen oder Anhängen an einige wenige Schreiben ihres Mannes. Bei diesem hat sich eine schmerzhafte Gichterkrankung entwickelt, sodass manchmal sein Lehrling Peter Ivers nach Diktat schreiben muss, wenn ein Anfall Stuhr tagelang ins Bett zwingt. In ihren Liebesbeteuerungen an den fernen Sohn scheinen Mutter und Vater miteinander zu konkurrieren.

Im Dezember 1830 schreibt Lene ihrem Fritz: [...] *überhaupt wird wie ich es auch noch gestern Abend an Peter äußerte meine Sehnsucht nach Dir größer, da ich mich doch durch die Länge der Zeit an Deine Entfernung gewöhnen solte. Da saß ich diesen Morgen in der Kirche, und da kam mir auf einmal der Gedanke wie wenn Dein Fritz nun so auf einmal in die Thüre träte, was würdest Du machen?* – [...] *wie steht es bey Alsens? Grüß sie doch so herzinniglich, ich kann nicht an die gute<n> Leute denken ohne daß mir mein unverges<s>licher Vater lebendig im Andenken wird. Leb wohl mein süßen Jung und fahre fort die Freude und das Glück Deiner Mutter zu seyn.*
Am 16.6.1831 schildert die Mutter in ihrem Postscriptum einen furchtbaren Unfall bei Stuhrs Mühle. Durch eigenes Ungeschick ist ein Lehrling von einem sich drehenden Mühlenflügel totgeschlagen worden. Stuhr als Besitzer muss zum Unfallort, das Opfer ansehen, ordnend eingreifen und die völlig gebrochenen Eltern trösten. *Dieser Zufall hat einen ungeheuren Eindruck auf uns beide gemacht, Du kennst den Alten in der Leidenschaftlichkeit seiner Gefühle, ich weine fast den ganzen Tag,* [...].
In einem Brief vom 23.6.1831 meldet der Vater Erfreulicheres nach Altona: *Der König* [sozusagen ein alter Bekannter von Lene: immer noch Frederik VI., der damals in die Kieler Residenz ausgewichen war] *ist auch hier gewesen und hat mir die Ehre erzeigt meine Fabrike zu besuchen. – Ich war Anführer der Garden und saß zu Pferde.*

In große Sorge geraten die Eltern, als sich 1831 und noch einmal 1832 die Cholera in Hamburg ausbreitet und auch Altona bedroht. Zunächst schreibt der Vater im September 1831 beruhigend:
Die Cholera wird gewiß so wohl dort als hier kommen. Sie ist ein Schicksal, wogegen menschliches Treiben nur wenig machen kann und ist ja auch nicht so ganz ansteckend. – Erwarten wir sie daher in Ruhe. Lene dagegen, voller Panik, setzt mit zitternder Feder und kaum leserlich darunter: *Mein liebster Fritz ich komme schon wieder in meiner Hertzensangst zu Dir, die mir weder Tag noch Nacht Ruhe läßt. Und doch kanst Du mir ja nicht helfen.* Sie selbst habe gar keine Furcht vor der Krankheit, *wenn Du nur hier bist oder ich bey Dir, aber getrennt von Dir zu leben und zu sterben ist schrecklich.* Man sieht, wie die Bindung an den einzigen Sohn symbiotisch wird. Wie soll er sich aus einer solch erstickenden Liebe befreien? Selbst der Vater benutzt oft die Abschlussformel: *Dein Dich so innig liebender Vater N. J. Stuhr.*

Inzwischen hat die dänische Regierung den Landesteil Schleswig durch einen sogenannten Militärkordon entlang der Eider monatelang von Holstein abgetrennt. Jeder Reisende muss über Rendsburg fahren und sich dort einige Tage in Quarantäne begeben. Die Eider wird von Soldaten bewacht. In Hamburg und nun auch Altona ist die Not groß. Und kein Brief von Fritz.
Das böse Ereignis, welches Hamburg befallen hat, ward uns leider schon am Sonntage durch Staffetten bekannt, fügt Lene an den besorgten Brief ihres Mannes vom 13.10.1831 an: *Ich komme schon wieder. Ich wiederhole meine Bitte um einen Brief, mein liebster Fritz, und so Du kanst postäglich, ermesse wenn Du kanst meine unsägliche Angst um Dich – nach den heutigen Nachrichten ist Altona noch gesund, tausend Grüße an alle die meinem Hertzen so nahe sind, Deine Dich über alle Beschreibung liebende Mutter.*
Die Eltern ahnen nicht den Grund für sein Schweigen: Fritz ist selber von der Cholera gepackt worden. Er hat die Verwandten in Altona gebeten, nur nichts nach Hause zu melden, und ist aufgrund seiner guten Konstitution mit der Krankheit fertiggeworden. So konnten seine Eltern am 18.11.1831, seinem Geburtstag, mit Bekannten auf seine Gesundheit anstoßen und die Mutter ihm nichtsahnend schreiben: [...] *mein erstes und letztes Gefühl war Dank gegen Gott, der Dich mir schenkte und bis jezt gesund an Leib und Seele erhielt, meines Hertzens und meiner Augen Trost.* Lene erzählt, dass Carl Stuhr, der jüngste Bruder, mit Frau und Kind im nächsten Frühjahr ganz zur Niederlassung nach Talvig, dicht am Nordkap, umsiedeln wird, und fügt in einem plötzlichen Ausbruch von Unternehmungslust hinzu: [...] *ich versichere Dir, ich hätte große Lust auf ein Jahr mal den Versuch mit zu wagen.* Einmal die Enge der Provinz, die Monotonie von Ehe, Haushalt, Geschäft, Verwandtentreffen hinter sich lassen; mitziehen in das lockende unbekannte Land im Norden, von dem sie so viel gehört hat, das Land mit dem Volk der Lappen, mit Rentieren und Walrössern und in der Finsternis strahlenden Nordlichtern; einmal das alles erleben und frei sein. Aber wie es ein Jahrzehnt später in *Am Turme* bei der Droste heißt:

Wär ich ein Jäger auf freier Flur,
Ein Stück nur von einem Soldaten,
Wär ich ein Mann doch wenigstens nur,
So würde der Himmel mir raten;
Nun muss ich sitzen so fein und klar,
Gleich einem artigen Kinde,

Und darf nur heimlich lösen mein Haar
Und lassen es flattern im Winde! [137]

Am 1. Weihnachtsfeiertag dieses Jahres 1831 schreibt der Vater: *Ich habe in meinem Leben nicht an Dich* [!] *gezweifelt mein guter Junge und es kann kein<en> Mensch<en> auf Erden geben der Dir treuer ist als Dein Vater.* Ob die Eltern am Heiligabend jeder für sich allein sind, wie schon in Fritz' Kindheit? Die Wege nach Husum sind nicht zu passieren, sonst wäre sie hingefahren, fügt Lene in der Nachschrift hinzu, und: *Gester<n> Abend war ich so in meiner gewöhnlichen Einsamkeit fast unablässig mit Dir beschäftigt,* [...] *vieles ist schlechter geworden – doch manches auch hat sich besser gestaltet; so habe ich die feste Hoffnung und das sichere Vertrauen, in Dir selbst alles Glück für spätere Jahre zu finden was mir in früheren abging.*
Die bittere Bilanz einer 22-jährigen Ehe, zwischen nicht harmonierenden Charakteren einstmals arrangiert, die durch schlimme wirtschaftliche und politische Zustände, erschütternde Todesfälle und gescheiterte Schwangerschaften zusätzlich belastet wurde. Trotzdem spricht es noch von Zuneigung, wenn der Vater Anfang Januar 1832 nach Altona schreibt:
Mutters Geburtstag ist am 13ten und ich möchte ihr gerne etwas schenken. Kaufe daher irgendein hübsches Modernes Zeug zum Hauskleide und sende es mir mit der ersten fahrenden Post. Im August desselben Jahres schreibt er: *Mutter hat einen nicht mehr besonderen Hut und ich möchte ihr gerne eine Art Herbst Hut von brauner Seide schenken mit rothem seidenen Bande.*

Lene ist über die 40 hinaus, eine Matrone im damaligen Verständnis, und das Thema „Kinder" scheint seit geraumer Zeit abgeschlossen zu sein. Bei den Wochenbetten ihrer Schwestern, die sich noch in rascher Folge aneinanderreihen, hilft sie als ältere Tante aus. Der Vater schreibt im Mai 1832 an Fritz: *Tante Storm und Tante Esmarch sind beide in Wochen gekommen – Erstere mit einem Knaben und Letztere mit einem Mägdlein. Mutter will in einigen Tagen nach Segeberg.* Das Kind in Husum ist auch ein Mädchen, das bald nach der Geburt stirbt. Schon im Juli des nächsten Jahres bringt Lucie Storm ihren Sohn Aemil zur Welt, später Arzt in Husum. Darauf folgen noch drei Geburten 1835, 1837 und 1839 (Lucie ist nun 42 Jahre alt; ihr erstes Kind Theodor hat sie mit 19 geboren); im „Grabbuch" der Woldsen-Gruft sind die Begräbnisse der drei letzten Kinder verzeichnet.[138]
Während Lene ihren Schwestern zur Seite steht, unternimmt N. J. Stuhr nach langen Überlegungen und physikalischen Versuchen ein neues kaufmännisches Wagnis: Er gründet 1832/33 eine schnell florierende Essigfabrik und sichert durch Arbeitsplätze in seinen Firmen vielen Familien den Unterhalt. Daneben beschäftigt er sich mit der Gestaltung des an der Treene gelegenen Gartens und Fritz bekommt Aufträge an englische Kapitäne für Dragon-Pflanzen, für spezielle Aprikosen-, Kirsch- und Pfirsichbäume, für Pelargonien. Hier zeigt sich das wohl vom Flensburger Vater ererbte Interesse an englischer Gartenkultur. Während all dieser Aktivitäten ist Lene anscheinend sehr oft bei den Verwandten und überlässt Haushalt und Ehemann den Dienstboten. Am 1.11.1832 schreibt der Vater dem Sohn, der ihm anscheinend ein paar tröstende Worte geschickt hat: *Mein itziges Verhältniß mit Mutter ist wohl am besten für uns beide. Mit einigen Liebesthränen habe ich Deine Äußerungen gelesen und erkenne sie als von Herzen. – Ich habe ja auch nur Dich, lebe nur für und in Dich* [!], *mein guter Junge.* Auch an dessen 19. Geburtstag ist Lene nicht zu Hause und der Vater trinkt mit einigen Freunden allein auf sein Wohl.

Nach den Briefen der Elternteile mit dem für ihn belastenden Flehen beider Seiten um seine Zuneigung erreicht Fritz zum Weihnachtsfest 1832 noch ein ganz anderes Schreiben. Es ist der früheste erhaltene Brief des Vetters Theodor, der nicht nach den üblichen Vorlagen für Kinder verfertigt, sondern selbstständig verfasst worden ist.[139] Dass Fritz ihn aufbewahrte, zeigt, wie viel Spaß er daran gehabt haben mag. Vielleicht hat er erkannt, wie gekonnt der 15-jährige Vetter die sprachliche Darstellung der Situationskomik eines Schulvormittags an der Husumer Gelehrtenschule handhabt und ins Groteske übertreibt. Als Höhepunkt wird dem bedauernswerten Hilfslehrer ein „Futjen" (Weihnachtsgebäck, an der Westküste unter diesem Namen, in Kiel als „Förtchen", anderswo als „Krapfen" bekannt) an den Kopf geworfen. Und statt der sonst üblichen Bestellungen an Fritz: Stoffe, Salzproben, Damenhüte, Pelargonien usw., wird von Theodor, dem anscheinend bei einem Gerangel Kragenknöpfe abhandengekommen sind, Ersatz gewünscht. Eine der Mütter wird das Annähen besorgen, denn natürlich ist Lene wieder in Husum. Sie pflegt Theodors Mutter Lucie, die ein halbes Jahr nach dem Tod einer neugeborenen Tochter schon wieder schwanger ist und mit Beschwerden zu Bett liegt. Fritz wird von beiden Müttern gegrüßt und augenzwinkernd vom Schreiber selber verabschiedet: *Nun für dießmal: Gute Nacht Herr Vetter. Ich empfehle mich hiemit. Dein Freund u. Vetter Th. Storm.*

Aus dem Jahr 1833 sind, wie erwähnt, keine Briefe erhalten.[140] Das nächste vorliegende Schreiben des Vaters vom 5.1.1834 klingt deprimiert: *Ich bin etwas unglücklich gewesen und habe die Festtage einsam und allein zugebracht. – Meine Gedanken sind mit Dir beschäftigt gewesen.* Im folgenden Vierteljahr scheint dann die Beziehung zwischen Lene und ihrem Mann ganz zerbrochen zu sein. Aus den unklaren, fast wirren Bemerkungen N. J. Stuhrs an Fritz im Mai (15.5.1834) kann man entnehmen, dass er vielleicht ein Verhältnis mit einer der Hausangestellten anfing, was viel Klatsch in dem kleinen Ort verursacht hatte. Lene – was blieb ihr anderes übrig! – wird in Husum Zuflucht gesucht haben, im Elternhaus, von dem eine innere Ablösung nie stattgefunden hatte. Den Ausweg einer Scheidung wird sie nicht in Betracht gezogen haben. Eine geschiedene Frau erwartete das gesellschaftliche Aus (spätere literarische Gestalten wie Effi Briest oder Tony Buddenbrook führen das eindringlich vor Augen).
Einzige Seele meines Lebens, verstehe mich recht, schreibt N. Jakob Stuhr seinem Sohn, *Ich lebe ja nur allein durch Dich und für Dich – Dein Wohl ist alles, was mich glücklich machen kann. – Noch lebe ich in der Erinnerung Deiner Gegenwart und Du mußt es möglich machen mich recht bald hier zu besuchen und dann kannst Du sehen, wie ordentlich, wie reinlich, wie sittlich es hier im Hause zugeh<t>, nur etwas stille aber auch dieses läßt sich ändern. – Was können denn ein Paar Posttage erreichen bei einer Sache welche so wichtig ist für Dein und Deiner Mutter so wie für mein Wohl. – Coute que coute du mußt kommen* [...]. *Eigentlich bist Du noch etwas jung um hier her nach zu bleiben, allein Du wirst ja wohl Charakter genug haben um Dich hier unter den jungen Leuten zu halten, die etwas rüde sind. –* [...] *Und wenn Du nicht eine sehr gute Stelle bekommen kannst bei der Dich in der Welt umzusehen ist – so richte Deine Sachen darauf ein, zu Hause zu kommen. – Ich erhalte Heute eine Haushälterin. – Sie ist eine ältliche Persohn; eines Predigers Tochter und wenn Sie daß ist, wofür sie ausgegeben wird; so ordentlich als klug <und> gutmüthig, so ist dieses die einzige Weise das Leben Deiner Mutter ruhig und angenehm zu machen und sie vor dem bösen Geklätsche zu bewahren – wenn sie wieder kommen sollte.*
Dies ist der letzte erhaltene Brief des Vaters nach Altona. Deswegen ist anzunehmen, dass Fritz dem dringenden Wunsch (wahrscheinlich auch seiner Mutter) nachgegeben, die Lehre bei Baur

und beste Aufstiegschancen aufgegeben und von den Scherffs und Altona Abschied genommen hat. Er begab sich zurück in den engen Kosmos der Kleinstadt, wohl aus dem Verantwortungsgefühl und der Hilfsbereitschaft heraus, die auch später Kennzeichen seines Charakters blieben. Ob Lene daraufhin wieder nach Hause kam, weiß man nicht, aber es ist anzunehmen.

Auf die unglückliche Familie Stuhr wartet das nächste furchtbare Ereignis. Ende Juli muss aus dem Norden per Schiff die Nachricht angekommen sein, dass der jüngste Bruder Carl, der allen Verwandten besonders nahestand und in der kleinen Stadt beliebt war wegen der Gründung einer Speiseanstalt für die Armen, am 5.7.1834 mit 36 Jahren in Talvig in Finnmarken verstorben war. Die Ursache seines Todes ist nicht zu ermitteln. Zusammen mit den Aufregungen der Zeit zuvor ist diese Erschütterung zu viel für Nikolaus Jakob Stuhr. Er stirbt wenige Tage vor seinem 50. Geburtstag am 1. August 1834 an einem Schlaganfall. Man kann, bei seinen tiefen Empfindungen für Fritz, nur hoffen, dass dieser ihm in seiner letzten Stunde zur Seite stehen konnte.
Der „Ditmarser und Eiderstedter Bote" meldet in einem längeren Artikel, der Senator N. J. Stuhr sei *durch einen Blutschlag plötzlich und schnell entrissen. Der Entschlafene war ein mit unternehmendem Geiste und umfassenden Kenntnissen ausgerüsteter, von rastlosem Thätigkeitseifer beseelter Geschäftsmann, der in ununterbrochener Wirksamkeit für sich und für Andere seine Freude fand, freisinnig in seinen Ansichten, ausgezeichnet durch erprobte Rechtlichkeit, von wohlwollendem Herzen, und zum Helfen immer bereit.* [141] Erwähnt wird auch seine Furchtlosigkeit im „Kosakenwinter", und dass er zahlreichen Menschen in seinen Fabriken Arbeit verschafft habe, *und durch die Anlegung der ersten Salzraffinerie einen ganz neuen Erwerb*[!]*zweig nicht bloß in unsere Stadt, sondern in unser Land hineinführte. Eine nicht geringe Anzahl von Salzsiedereien ist nach dem Muster der seinigen sowohl hier als an andern Orten angelegt, und so lange als diese blühen,* [...] *so lange wird* Stuhr *mit Segen genannt werden.*
Recht unterkühlt wirkt dagegen die kurze Anzeige in der Zeitung „Altonaischer Mercurius": *Das am 1. August d. J. durch einen Schlagfluß im 50. Lebensjahre unerwartet erfolgte Ableben unsers* [!] *guten Ehemannes und Vaters, des Rathsverwandten Nicolai Jacob Stuhr in Friedrichstadt, zeigen wir Verwandten und Freunden trauernd an. Friedrichstadt, den 3. August 1834. Magdalene Stuhr geb. Woldsen. Friedrich Gustav Feddersen Stuhr.*[142]
Da die Stuhrs seit dem Zusammenbruch des Flensburger Handelshauses keine Verbindung mehr zur alten Heimatstadt hatten und in Friedrichstadt noch keine Familiengrabstätte besaßen, wurde der Senator N. J. Stuhr in der Husumer Woldsen-Gruft bestattet. 1865 fanden seine Frau Lene und 1880 sein Patensohn Theodor Storm hier ebenfalls ihre letzte Ruhestätte.

Ruhige Jahre des mittleren Alters

Nun, im Alter von 43 Jahren, beginnt der letzte Abschnitt von Lenes Leben, der sicherlich im Wesentlichen ein glücklicher war. Ihr Herzenswunsch ist in Erfüllung gegangen. Sie lebt mit dem über alles geliebten Sohn zusammen, führt die Firma weiter unter dem neuen Namen „N. J. Stuhr's Wittwe" (ein t fällt später weg) und setzt Fritz, der kurz vor seiner Mündigkeit steht, als Geschäftsführer ein. Als juristischer Berater bleibt Schwager Storm an der Seite der beiden. Vielleicht kommt von ihm wegen geschäftlicher Vorteile auch der Vorschlag, dass die Witwe formell Besitzerin der Firma wird und der Sohn auch nach dem 21. Geburtstag ihr Angestellter.

Da sich ihr bisheriges Leben als Tochter und als Ehefrau in Handelshäusern abgespielt hat, ist Lene mit vielen Abläufen in solchen Unternehmen vertraut und kann ihrem Sohn Stütze und Beraterin sein. Sie hat von ihrem Mann ein Netzwerk an Beziehungen, etwa zu Kunden, Geschäftsfreunden, Fabrikarbeitern und Kapitänen Stuhrscher Schiffe übernommen. Weil auch einige Schulden mit dem Erbe verbunden waren, erklärt sie bald nach der Übernahme in einem Brief an die königliche Steuerbehörde, dass sie sich inzwischen in die finanzielle Lage der Firma eingearbeitet habe. Ihrer Meinung nach müsse der dänische Staat die Schulden weitgehend erlassen, da ihr verstorbener Mann mit erfolgreichen Unternehmungen viele Menschen ernährt und als Erster überhaupt die Salzsiederei in den Herzogtümern wiedereingeführt habe. Diesem selbstbewussten Ersuchen wurde weitgehend stattgegeben; eine letzte Ehrung für die Leistungen des Nikolaus Jakob Stuhr, die besonders Sohn Fritz gefreut haben wird.
Lene in der Mitte des Lebens: eine Frau im Biedermeierkleid mit hochgeschlossenem Oberteil und der (dank Fischgrätkorsett) engen Taille am natürlichen Platz, weitem Rock, aufgebauschten Keulenärmeln und mit der Haube der verheirateten Frau, zumindest im Trauerjahr in Schwarz. Das Haar darunter glatt gescheitelt und das Gesicht an den Seiten von festgesteckten großen Locken gerahmt. Nun ist sie eine Frau, die den Haushalt für den erwachsenen Sohn führt. Aber gleichzeitig ist sie eine Unternehmerin mit gestärktem Selbstvertrauen. Als Witwe ist sie endlich befreit von der Kuratel eines Vaters oder Ehemannes und hat weit größere Handlungsspielräume als eine Ehefrau. Andererseits wird sie weiter in Gesellschaften als verheiratete Frau betrachtet, doch im geschäftlichen Umgang von Männern ernstgenommen. Witwen ihres Status konnten das beschränkte Rollenverständnis von Frauen überschreiten und erweitern. Lene, von Kind auf mit dem Großhandel vertraut, scheint sich in dieser neuen Position erstaunlich schnell zurechtgefunden und wohlgefühlt zu haben. Schon im nächsten Jahr schickt sie eine Probe ihres Salzes an eine polytechnische Lehranstalt und erhält folgende, ausgezeichnete Beurteilung:
Die Frau Witwe Stuhr in Friederichstadt hat uns eine Probe raffinirten Salzes zur Untersuchung eingeschikt. Mit Vergnügen bezeugen wir, daß daßselbe sich durch seine Reinheit sehr vortheilhaft auszeichnet und namentlich eine kaum bemerkbare Spur von Magnesia (Bittersalz) enthält.
Die Idee zu dieser gegenüber der Konkurrenz absatzfördernden Werbung könnte von Sohn Fritz stammen, der in seiner exzellenten Ausbildungsstätte bei Baur moderne Verkaufskonzepte kennengelernt hatte. Wie sich in Zukunft herausstellen sollte, hatte Fritz in hohem Maße die kaufmännische Begabung seines Vaters und Großvaters geerbt. Sicher hatte Lene, Enkelin des großen Kaufherrn Friedrich Woldsen, auch ihren Teil zu diesem Talent beigetragen.

Doch zunächst lebte der Sohn sich notgedrungen in die altvertraute Kleinstadtumgebung ein und besuchte auch wieder häufig – meist begleitet von der Mutter und in eigener, bequemer Kutsche – die Verwandtschaft in Husum, eine besondere Freude für die alte Großmutter Woldsen und Vetter Theodor. Die frühere tiefe Verbundenheit der beiden jungen Männer wurde erneuert. Fritz war nun 21 und Theodor 17 Jahre alt; der eine schon Geschäftsführer, der andere Primaner auf der Gelehrtenschule. Leider war diese Zeit nur von kurzer Dauer, denn Storm besuchte ab Herbst 1835 das anspruchsvolle Katharineum in Lübeck zur Vorbereitung aufs Jurastudium.

Vorher aber erlebten sie gemeinsam noch ein lustiges Intermezzo. Im Frühjahr 1835 zogen die Vettern mit ein paar Husumer Pennälern zur berühmten Süderstapeler Jahrmarktsnacht mit dem Brauch des „Weinens". Bis vier Uhr morgens dauerte dieses etwas verwegene Fest, bei dem man sich eine willige Dorfschöne greifen, mit ihr in einem „Séparée" Wein trinken, scherzen, kosen und küssen durfte. Über diese Feierei, bei der sich anscheinend beide Vettern sehr hervortaten, hat Storm unter dem Kürzel „St ..." einen ironischen Artikel im Friedrichstädter Hausblatt, dem „Boten", veröffentlicht.[143]
Natürlich hatte sich in dem kleinen Ort längst herumgesprochen, dass der junge Stuhr trotz seiner neuen, herausragenden Position und unter Missachtung des Trauerjahrs für seinen Vater sich an einer solch liederlichen Sache beteiligt hatte. Stammte nun auch noch der anstößige Artikel aus seiner Feder? Besonders wohl unter dem Druck Lenes distanzierten sich die Stuhrs in der nächsten Nummer des „Boten" von der peinlichen Angelegenheit: *Die Redaction des Boten erklärt auf Verlangen, dass der Aufsatz in der vorigen Reise: „Etwas über die Süderstapeler Marktnacht" nicht von dem Herrn* **Stuhr** *in Friedrichstadt stammt."* Viele Jahre später noch erinnern sich beide Vettern mit viel Spaß an dieses Jugenderlebnis. 1861 widmet Theodor Storm dem stets hilfreichen Freund einen Novellenband *Meinem Vetter und Freunde Fritz Stuhr zugeeignet.*[144] Einige Exemplare tragen auf dem Vorsatz ein verklausuliertes Gedicht, dass nur Fritz als Teilnehmer an den unvergessenen, ausschweifenden Vergnügungen der damaligen Süderstapeler Nacht verständlich sein konnte.

In den nächsten anderthalb Jahrzehnten verläuft Lenes Leben in den so lange erhofften Bahnen. Das liebevolle Zusammenleben mit dem Sohn, der gemeinsame Haushalt, in dem Verwandte immer willkommen sind (Lenes Mutter ist oft wochenlang zu Gast, wie wir aus Briefen wissen), die moderate Mitarbeit in der Firma, die auch noch Reisen nach Husum, zu Elsabes Familie nach Segeberg, zu den Scherffs nach Altona ermöglicht – alles trägt zum Wohlbefinden nach den anstrengenden Jahren mit ihrem aufbrausenden Ehemann bei. Durch dessen Ableben ist auch ein entspannter Umgang mit Schwägerin Fritze Peters geb. Stuhr und ihrem von N. J. Stuhr beleidigten Mann wieder möglich. Carl Stuhrs Witwe Gretchen kehrt aus Finnmarken zurück mit jetzt zwei kleinen Söhnen. Heinrich Stuhr leitet allein die dortige Niederlassung und hält sich auf Reisen in die Heimat auch gern in Friedrichstadt auf. Die Suppenküche für die Armen am Orte, die von dem sozial eingestellten Carl Stuhr mit eingerichtet worden war, wird weitergeführt und Lene kocht mit ihren Mädchen wie andere wohlhabende Haushalte an 2 Tagen in der Woche große Kessel Suppe für über 130 Bedürftige. Wenn Fritz auf häufig notwendige Geschäftsreisen geht, trägt sie mit die Verantwortung dafür, dass der Betrieb läuft.

Das Leben in der Biedermeierzeit gestaltete sich zunächst in den abgelegenen dänischen Herzogtümern anscheinend so ruhig und friedvoll wie in den meisten deutschen Kleinstaaten. Die Zustände im bankrotten Dänemark hatten sich konsolidiert, durch neue Erfindungen und Absatzmärkte schritt die Industrialisierung voran, sodass auch das Unternehmen Stuhr expandieren konnte. Unter der klugen Führung von Fritz erweiterte sich ebenfalls der Grundbesitz an privaten Häusern bei den Stuhrs beständig. Beunruhigende politische Ereignisse wie der Aufstand in Polen 1830 und die Julirevolution in Frankreich im selben Jahr wurden von den meisten Menschen wie ein Wetterleuchten am fernen Himmel Europas wahrgenommen.

Theodor Storm hatte inzwischen ein fünfjähriges Jurastudium in Kiel und Berlin absolviert. Nach schwerem Abschied vom schönen Kiel und den Brüdern Mommsen kehrte er nach Husum zurück und konnte 1843 eine eigene Anwaltspraxis eröffnen. Ihrer Schwester Elsabe teilte Lene brieflich mit: *Theodor macht sich außerordentlich gut, hat viel zu tun, ist sehr beliebt* [...]. Bald gründete der Musikbegeisterte einen gemischten Chor statt der sonst üblichen Männer-Liedertafeln, einen „Singverein". Bei ihren häufigen Besuchen machte Lene neben ihrer Schwester Lucie im Alt mit. Aus ihrem schönen Garten stiftete sie dem Rosenliebhaber Storm gern Ableger und Büsche für dessen Gartenanlage am Haus in der Neustadt und sicher erzählte sie ihm viel vom alten Kiel, wie sie es unverrückbar als Ideal im Gedächtnis trug. Am Leben der gesamten Familie Storm nahm sie regen Anteil; ihre alte Mutter lebte noch, und eine innere Trennung vom Elternhaus war ja nie erfolgt.

Stuhrs und Storms trafen sich regelmäßig auf Ausflügen nach Schwabstedt, bei Festen, zu Aufführungen, zu Punschabenden und Kartenspiel. Dabei traten Lene und ihr Sohn immer als unzertrennliche Einheit auf. Dies vereitelte wohl auch alle Versuche der Großfamilie inklusive der Esmarchs, den so ansehnlichen, liebenswürdigen, wohlhabenden Fritz an eine junge Frau zu verkuppeln. Gehofft wurde auf Fritz' Kusine väterlicherseits, die Kaufmannstochter Mathilde Stuhr aus Hadersleben, die mehr als ein halbes Jahr bei Tante Lene verbrachte und in Husum oft mit von der Partie war. Doch man hatte sich verkalkuliert. Theodor musste nach Segeberg melden: *Mathilde macht ihre Abschiedsvisite; sie ist doch glücklich um den Vetter herumgekommen.* Um den Vetter und um die Tante, die sie dann doch wohl nicht hatte mitheiraten wollen ...

Jemand anders aber verlobte sich plötzlich im Januar 1844 mit der eigenen Kusine. Und das war der nun 26-jährige Theodor selber, der sich in die 19 Jahre alte Constanze Esmarch, Tochter seiner Tante Elsabe, verliebte und Gegenliebe fand. Die Familie war vollkommen überrascht und besonders Vater Storm. Er kannte den launenhaften Charakter seines Sohnes und verzögerte zur Prüfung dieser Bindung die Zeit bis zur Eheschließung um 2½ Jahre. Lene aber war begeistert. Constanze, das älteste Esmarch-Mädchen, war ihr Liebling und hatte zuverlässig im Haushalt und bei den kleineren Geschwistern geholfen, wenn Lene bei zahlreichen Geburten ihrer Schwester Elsabe in Segeberg beigestanden hatte.

Nun würde die Nichte auch nach Husum ziehen und sicher oft in Friedrichstadt zu Gast sein! In einem Ausbruch ihrer alten Lebhaftigkeit gibt Lene ihrem Kutscher einen undatierten Zettel mit: *In diesem Augenblick höre ich, daß unser Wagen nach Husum fährt; daher in aller Eile an Euch, mein liebes inniges Brautpaar nur zwei Worte, daß ich mich herzlich freuen werde, Euch zu sehen – Was soll unser Fritz sagen – schade, daß ich ihm die Nachricht nicht schon gleich mitschicken kann da ich nicht weiß wo mein Brief ihn treffen soll – gewiß wird er sich wie seine Mutter freuen, daß Du meine liebe gute Constanze unserem Herzen wo möglich nur noch näher zu stehen kommst – Alles weitere bis auf mündlich verschiebend – Eure alte treue Tante Lene Stuhr.*[145]

Lenes erster Gedanke bei dieser überraschenden Nachricht gilt also wieder Fritz. Vielleicht ist ein kleiner Stich dabei, dass vom eigenen Sohn solche Nachrichten nicht kommen, vermischt mit überwiegender Erleichterung, dass das herrliche Leben zu zweit in der Holmerthorstraße 18 (heute 10) weitergeht. In der Volkszählung von 1845 wird Friedrich Gustav Feddersen Stuhr, Geschäftsführer, mit seiner Mutter, Fabrikbesitzerin, und einigen Dienstboten als Bewohner aufgeführt.[146]

1846 heiraten Theodor und Constanze und ziehen in das gemeinsame Heim in der Husumer Neustadt ein. Lene wird Großtante, denn die Kinder Hans und Ernst erweitern bald den Familienkreis. Es ist fraglich, wie weit ihr oder den anderen Verwandten bekannt war, dass Theodor Storm schon in der ersten Zeit der jungen Ehe ein leidenschaftliches Verhältnis mit Dorothea („Doris"oder „Do") Jensen begann, die später seine zweite Frau werden sollte. Vermutlich hat Mutter Lucie ihren Schmerz über diesen skandalösen Zustand bei der vertrauten älteren Schwester Lene abgeladen, deren eigene Ehe anscheinend an einem Ehebruch gescheitert war. Als Constanze schwanger wird, muss Doris dezent „entfernt" werden. Storm schreibt für die Geliebte in dem Zyklus *Weiße Rosen* unter dem Eindruck der Trennung Gedichte, die zu seinen besten gehören:

Wie dunkel sind die Straßen,
Wie herbstlich weht der Wind,
Leb wohl, meine weiße Rose,
Mein Herz, mein Weib, mein Kind. [147]

Nach außen hin wird der Schein gewahrt, auch von der zutiefst gedemütigten Constanze, der keine andere Wahl bleibt; die auslaufende Biedermeierzeit ist, wie später die Gründerzeit, eine Epoche der doppelten Moral.

Eine handkolorierte Lithographie des Malers Paul du Ferrang (1821–1886) zeigt uns das idyllische Leben im blitzsauberen Friedrichstadt 1847 mit Marktplatz und Mittelburggraben in mittäglicher Stille wie ein Blick aus einem Fenster in eine vergangene Welt. Noch überragt der barocke Turm der alten Remonstrantenkirche die Bäume am Markt.

Abb. 22: Paul Jacob du Ferrang, Der Marktplatz in Friedrichstadt, 1847

Der letzte, bewegte Lebensabschnitt

Und doch brodelte es auch in Schleswig-Holstein unter der Oberfläche mindestens so stark wie in vielen deutschen Ländern. Die schwierigen staatsrechtlichen Verhältnisse zum Königreich Dänemark, das Nebeneinander von deutscher und dänischer Sprache und Kultur im Grenzgebiet, dazu der auch hier erwachende Nationalismus und die Hoffnung auf Demokratisierung, das Eingreifen der Großmächte in die Politik der Herzogtümer – das alles schuf im Laufe der Zeit eine gefährliche Gemengelage. Die Ereignisse können hier nur angerissen werden; es gibt ausführliche landeshistorische Literatur zu diesem Thema.[148]
Während man auf dänischer Seite auf die Eingliederung Schleswigs und damit ein Dänemark bis zur Eider pochte, erklärten die deutschen Einwohner eine Trennung der Herzogtümer aufgrund der Zusage ihrer ewigen Zusammengehörigkeit im Vertrag von Ripen (1460) für rechtlich unmöglich. Lenes Fritz und ihr Neffe Theodor standen vereint auf dem deutschen Standpunkt und plädierten zudem für eine demokratische Verfassung. Sie selber wird sich, wie die meisten Frauen ihrer Zeit, schon wegen Uninformiertheit aus politischen Streitigkeiten herausgehalten haben; die Männer der Familie würden schon den rechten Weg wissen wie in den *Szenen einer Ehe* des bissigen Wilhelm Busch: *Bei eines Strumpfes Bereitung/Sitzt sie im Morgenhabit;/ Er liest in der Kölnischen Zeitung/Und teilt ihr das Nötige mit.*[149]
Die deutschgesinnten Patrioten erhielten in ganz Deutschland viel Zuspruch für ihre Sache. Als es 1848 in einigen der deutschen Staaten zu Revolutionen kam, brach der Aufstand auch in den Herzogtümern los und löste den Krieg gegen Dänemark aus. 1848/49 unterstützten preußische Truppen die schleswig-holsteinischen, bis sie sich unter dem Druck der übrigen Großmächte zurückzogen. Die Schleswig-Holsteiner waren ab 1850, auf sich allein gestellt, den Dänen klar unterlegen. Sie verloren die entscheidende Schlacht bei Idstedt und verursachten beim Kampf um Friedrichstadt die finale Katastrophe ihrer Erhebung.[150]

Als die schleswig-holsteinischen Truppen sich dem dänisch besetzten Friedrichstadt näherten und Schlimmes zu befürchten war, brachte Fritz Stuhr zunächst Mutter Lene bei den Storms in Sicherheit. Er selber wollte überall helfen und seinen Besitz und seine Mitarbeiter persönlich schützen. Der Beschuss des kleinen Ortes von Süden über die Eider her gegen die dänischen Schanzen begann ohne Vorwarnung am 29. September und dauerte bis zum 4. Oktober, dem schlimmsten Tag des Kampfes. Glühende Kugeln lösten schon in der ersten Nacht Brände aus und kosteten die ersten Bürger und Soldaten in der Stadt das Leben. Die Dänen erlaubten Teilen der Bevölkerung die Flucht; nur die Männer mussten bleiben, um zu retten, zu löschen, gegen Plünderer vorzugehen. Tote, Verwundete, Ausgebombte wurden in die lutherische Kirche gebracht, hinter deren Chor ein Massengrab ausgehoben wurde für schließlich 53 Bewohner und Soldaten beider Seiten. Im westlich gelegenen Nachbardorf Koldenbüttel geschah das gleiche für 204 Tote.
Fast die gesamte südliche, architektonisch bedeutendere Hälfte der Stadt brannte; überall brachen krachend kunstvoll verzierte Giebel zusammen. Das Gesamtbild einer vollkommen holländisch geprägten Stadt des 17. Jahrhunderts war für immer dahin und wich einem Trümmerhaufen. Mit dem einstürzenden barocken Rathaus aus der Gründerzeit am Markt ging das Stadtarchiv samt unersetzlicher Dokumente verloren. Wie im Kosakenwinter 1813/14 hatte der Magis-

trat einen Parlamentär geschickt mit der brieflichen Bitte um Verschonung. Umsonst. Stattdessen verstärkte sich trotz immenser eigener Verluste der Angreifer deren letztlich sinnloses Bombardement. Wegen der hohen Zahl der zivilen Opfer in der Stadt erlaubte der dänische Kommandeur bald auch der männlichen Bevölkerung die Flucht. Nur 30 angesehene Bürger mussten unter ständiger Lebensgefahr vor Ort bleiben, um zu löschen und weitere Plünderungen zu verhindern.
Zu ihnen gehörte Fritz Stuhr. Er erlebte auf dänischer Seite mit, wie am 4. Oktober gegen zehn Uhr abends der Kampf endete, von einem österreichischen Offizier in schleswig-holsteinischen Diensten so beschrieben: [...] *als eine feindliche Granate in einen dort (d. h. auf dem Eiderdeich) befindlichen Munitionswagen fuhr. Eine plötzliche Helle blendete unsere Augen, die Meisten von uns wurden durch den Luftdruck zu Boden geworfen, und eine furchtbare Explosion erfolgte, Tod und Verderben um sich verbreitend. Ein donnerndes „Hurra" auf der ganzen dänischen Linie und dann fast Totenstille.*[151] Der Turm der Remonstrantenkirche stand am selben Abend wie ein loderndes Fanal in der Dunkelheit, ehe er mit dem Kirchengebäude in einem Bombenhagel unterging.
Mit diesem grausigen Finale endete die schleswig-holsteinische Erhebung.

Die endlosen Tage, in denen sie nicht wusste, ob ihr einziger Sohn noch lebte, was überhaupt in Friedrichstadt geschah, ob ihr Haus, die Fabriken noch standen, müssen für die in Husum wartende Lene viel schlimmer gewesen sein als damals die Cholerazeiten in Altona. Mit ihr warteten und litten ihre Mutter und die Familie Storm. Von den Deichen bei Husum aus hatten die Einwohner jede Nacht den Feuerschein über der Nachbarstadt gesehen. Alles hoffte auf einen Triumph der Landsleute. Doch was folgte, war blankes Entsetzen.
In einem Brief vom 14.10.1850[152] beschreibt Storm, wer statt der siegreichen eigenen Truppen eintraf: *Aber es kamen nur Verwundete, hunderte und hunderte; aber nicht allein Dänen, auch Kinder, Weiber, Greise, die durch die Kugeln ihrer eigenen Brüder zerrissen, verstümmelt, verbrannt waren; in Andersens Pastorat ist ein eignes Lazarett für die zerschossenen Friedrichstädter eingerichtet. Stuhr, der gestern hier war* [...], *war durch den Gräuel, den er hatte ansehen müssen, in seinen Zügen noch ganz verstellt; ein Vater, erzählte er, hatte sein Kind, dem die Eingeweide aus dem Leibe geschossen waren, nicht verlassen wollen, und es todt mit sich aus der Stadt getragen* [...]. *Der Winter steht mir grauenhaft bevor.*
Lene hat ihren Fritz also erst über eine Woche nach dem Ende der Beschießung wiedergesehen. Was diese von widersprüchlichen Gerüchten und furchtbaren Meldungen erfüllte Wartezeit für sie bedeutete, kann man kaum ermessen. Die einzige gute Nachricht, die der endlich eingetroffene Sohn brachte: Das Wohnhaus und die Fabriken, da in der weniger stark betroffenen Hinterstadt gelegen, waren weitgehend erhalten. Auch hatten treue Angestellte den Besitz mit Fritz Stuhr zusammen gegen Plünderer verteidigt. In allem Elend und Tumult aber hat es der geborene Kaufmann, noch bevor er die Mutter aufsucht, geschafft, im „Boten", der mit intakter Druckerei davongekommen war, folgende Annonce aufsetzen zu lassen: *Meinen Geschäftsfreunden die Nachricht, daß sowohl meine Salzraffinaderie als Essigfabrike erhalten sind und daß ich die mir zukommenden Aufträge bestens ausführen kann. Friedrichstadt, den 12. October 1850.*
N. J. Stuhr's Wittwe.[153]

Abb. 23: Paul Jacob du Ferrang, Der Marktplatz von Friedrichstadt nach der Beschießung, 1850

Wer dieses Bild ansieht und mit dem nur drei Jahre vorher angefertigten desselben Künstlers vergleicht, wird wahrnehmen, wie von einem etwa gleichen Punkt aus der entsetzliche Zustand der Stadt nach deren Beschießung dokumentiert wird. Die sogenannte Vorderstadt mit dem Rathaus ist weitgehend zertrümmert, die Bäume links sind versengt, nur noch vier Giebel der Remonstrantenkirche stehen, die das Dach getragen haben. Auf dem Markt liegen die Kadaver einiger Tiere, ein paar Soldaten in Bewegung sind zu erkennen. Einzig die Westseite des Platzes mit den hohen holländischen Giebelhäusern, auch heute noch stadtbildprägend, ist in ihrer Gesamtheit voll erhalten. Sie gibt einen Eindruck von dem, was unwiederbringlich verloren ist.

Die Stuhrs hatten großes Glück, dass Wohnhaus und Fabriken sowie die Ölmühle wenig Schäden aufwiesen. Ganz unversehrt war durch die starken Erschütterungen kein Gebäude im Ort geblieben. Fritz hatte sich nur einen Tag bei seiner Mutter in Husum erholt, ehe er wieder in die zerstörte Stadt zurückkehrte. Schon am nächsten Morgen gehörte er zu den acht Herren, die ein „Centralkommittee für die Hülfsbedürftigen" bildeten. Dieses sammelte und verteilte die reichlichen Kleider- und Lebensmittelspenden sowie die hohen finanziellen Zuwendungen, die aus allen Teilen Dänemarks, Deutschlands und aus dem Mutterland Friedrichstadts, Holland (besonders aus Amsterdam), eintrafen. Denn das unverschuldete Schicksal des malerischen Ortes, das Elend der Bevölkerung und der Zusammenbruch der schleswig-holsteinischen Erhebung erschütterte die Menschen überall. Die größten Firmen, Stuhr und Schütt, verbuchten und verwalteten die gespendeten Beträge durch ihre übernationalen Bankverbindungen.
Lene hat ihren 60. Geburtstag am 13. Januar in Husum unter solchen Umständen sicher still begangen, aber der geliebte Sohn war bei ihr. Storm schreibt seinem Schwiegervater am 5.2.1851: [...] *Tante Lene ist noch da, Fritz seit 14 Tagen nicht mehr.*[154] So konnte Lene am 30.1.1851 ihren zweiten Großneffen Ernst Storm begrüßen und ihrer Schwester bei der Pflege Constanzes und des Kindes helfen. Wahrscheinlich ist sie selbst erst im Frühjahr nach Hause gekommen, als die

schlimmsten Trümmer geräumt waren und die vielen notleidenden Einwohner langsam von ihren Zufluchtsorten zurückkamen. Etliche wurden in einem Barackenlager untergebracht, ehe sie um 1853 in ihre neu errichteten Häuser ziehen konnten. In diesen Jahren des emsigen Wiederaufbaus profitierte die Stadt von der Versorgung der vielen auswärtigen Bauhandwerker. Die dänische Krone spendete Geld für ein neues Rathaus und die schwer beschädigte protestantische Kirche; eine Remonstrantenkirche ließen die Holländer an alter Stelle errichten. So hat Friedrichstadt sein bis heute bewahrtes schlichtes Gesicht mit den spätbiedermeierlichen Häusern bekommen, zwischen denen noch einige bedeutende Zeugen der altholländischen Baukunst emporragen.

Im nächsten Jahrzehnt erholte sich die Wirtschaft Dänemarks; auch der Firma Stuhr ging es gut. Das Zeitalter der Dampfschifffahrt hatte begonnen und Fritz überzeugte seine Mutter, auf diese neue Technik zu setzen. Auf ihrem Dampfschiff „Queen" beförderten die Stuhrs Vieh schnell und direkt nach London, wohin traditionell alte Geschäftsbeziehungen bestanden. 1858 kam die ebenfalls mit Dampf betriebene „City of Norwich" für denselben Zweck dazu.

Währenddessen kämpfte Theodor Storm um seine und seiner Familie Zukunft. Die vehement vorangetriebene Dänisierung in Behörden und Kirchen bedrückte ihn; auch wurde das Dänische einzige Schulsprache. Anfang 1851 eröffnete Storm seine Kanzlei wieder. Er wurde aber denunziert, weil er 1849 eine Petition gegen den dänischen König unterschrieb. Auch eine Protestadresse gegen die Aufhebung des Staatsgrundgesetzes hatte er unterstützt. Der dänische Geheimdienst hatte einiges an Material gesammelt, um dem jungen Anwalt die Zulassung zu verweigern, die sein loyaler Vater erhielt. In dessen Kanzlei hätte Theodor unterschlüpfen können. Aber er mochte nicht fremd in der eigenen Heimat werden und lieber anderswo einen neuen Beginn wagen.
Für Lene war es hart, dass diese geliebten Verwandten in die Ferne ziehen wollten. Die Nichte Constanze muss ihr eine Ersatztochter gewesen sein, besonders, nachdem Lucies Tochter Helene in Husum im Kindbett gestorben war. Und Constanze mit ihren kleinen Kindern wird als hoch willkommener Besuch bei Tante Lene wohl gut gepflegt worden sein, während der junge Dichter, durch seine Novelle *Immensee* (1851) schon weiteren Kreisen bekannt, die Ruhe genoss und im Sommer 1852 einem Freund schreibt: *Gedichtet hab' ich nicht viel, doch ein Herbstlied,*[155] *eines Tages, als meine Frau und Kinder mich hier allein gelassen hatten, um Tante Lene zu besuchen* [...].[156] Dieses Gedicht zeugt von der Melancholie, in die Storm durch die Zeitereignisse versunken war.

Beim ersten seiner Versuche, eine auswärtige Stellung zu bekommen, begleitete ihn der Friedrichstädter Vetter über Weihnachten 1852 in die preußische Hauptstadt, während Lene das Fest in Husum verbrachte. Stuhr hatte durch seinen Onkel Professor Peter F. Stuhr, der am Königshof gern gesehen war, Kontakte bis in die höchsten Kreise der Regierung. (Diesen Bruder ihres Mannes hatte Lene im 2. Kieler Brief einen „*ungerathenen Sohn*" genannt!). Leider war dieser Verwandte im Vorjahr verstorben. Trotzdem konnte Fritz seine Verbindungen nutzen und selbstbewusst zu Otto von Manteuffel, dem Ministerpräsidenten, vordringen, einem „*Intimus des verstorb. Prof. Stuhr*"[157] und ihm Vetter Theodors Anliegen vortragen. Der konservative Politiker reagierte hinhaltend; keiner der deutschen Staaten wollte es sich mit Dänemark verderben und dessen Gegner aufnehmen und bei sich liberale „Aufrührer" beschäftigen.

Abb. 24/25: Nicolai Sunde, Constanze und Theodor Storm, Nichte und Neffe von Lene, 1857

So versuchte der Dichter es noch umsonst mit Bewerbungen anderswo, bis ihm doch 1853 der ungeliebte preußische Staat eine Stelle am Gericht in Potsdam anbot. Hier blieb die stetig wachsende Familie bis 1856, wo Storm eine Kreisrichterstelle im schön gelegenen Heiligenstadt bei Göttingen zugeteilt wurde. Es hat mit Sicherheit briefliche Kontakte zwischen Lene, Fritz und der jungen Familie Storm im Exil gegeben; aus den erhaltenen Briefen Storms an andere wird deutlich, dass er sich nicht selten vom Vetter Geld geliehen hat. Obwohl Fritz ein großzügiger Mensch war, hat wohl Lene ihn zusätzlich ermuntert, gerade der Familie von Theodor und Constanze manche Unterstützung zukommen zu lassen. Von dieser Hilfe ist in einigen von Storms Briefen die Rede, doch leider ist ein direkter Briefwechsel nicht mehr aufzufinden.

Theodor Storm zeigt Dank und innige Verbundenheit auf seine eigene Weise mit der Widmung in einem Novellenband 1861.[158] Diese schöne Geste wird auch für Lene eine Freude gewesen sein. Denn ihr Neffe wurde nun schon weithin im literarischen Deutschland als bedeutender Schriftsteller wahrgenommen. Auch während der Sommerreisen in die Heimat, bei denen sich Constanze oft in Segeberg und Theodor bei den Eltern in Husum aufhielt, traf man sich gern hier und dort oder in Friedrichstadt.

Doch fällt Storm auf, wie der Vetter, der langsam auf die Fünfzig zugeht, in dem allzu engen Zusammenleben mit seiner Mutter allmählich mitaltert. Am 10.9.1860 schreibt er seiner Frau von einem mehrtägigen Aufenthalt bei Lene: [...] *ist der Aufenthalt hier auch nicht sehr erheiternd. Tante Lene ist zwar sehr freundlich und auch geistig rege noch; aber es fehlt hier doch so wohl die Behaglichkeit, als die Jugend; denn auch Fritz scheint mir allmählich etwas zu verknöchern; er scheut hie und da das Klarsehen, nur weil es schmerzlich ist, und scheut – ähnlich wie Vater – ein scharfes Eingehen auf solche Dinge.* Bei *solche Dinge* handelt es sich sicher um die politischen Zustände, besonders die erzwungene Dänisierung im Landesteil Schleswig, mit denen sich Fritz Stuhr wie Vater Storm arrangiert hatten, die aber Theodor Storm für nicht zumutbar hielt. Weiter heißt es im selben Brief: *Um 10 U. fahren wir in Stuhrs eleganter Equipage nach Schwab-*

stedt [...] und von dort um 4 U. nach Husum. Husum, selbigen Abends. Das war fehlgeschossen! Wir fuhren in der alten Reisekalesche. Tante Lene rühmte beim Einsteigen freilich sehr ihre außerordentliche Bequemlichkeit; übrigens aber pfiff der Wind schändlich durch das alte defecte Leder.

Lene scheint noch ganz in den Begriffen von Bequemlichkeit in alten Zeiten befangen, während ihr Neffe schon die Vorzüge der Eisenbahn oder neuester Eilkutschen kennengelernt hat und solche modernen Reiseverbindungen gerne nutzt. Sicher kommt Storm bei diesem langen Besuch mit Lene wieder einmal zum gemeinsamen Schwelgen in Erinnerungen an Kiel. Sie hat eine Generation vor ihm dort einen unvergesslichen Aufenthalt verbracht und er kann ihr viel vom eigenen Studentenleben erzählen und den Veränderungen, die die Stadt erfahren hat. Es mag sein, dass Fritz Stuhr, der nie eine Hochschule besucht hatte, sich so angesprochen von diesen Schilderungen gefühlt hat, dass er 1862 eine finanzielle Unterstützung der Landesuniversität in die Wege leitet, wie das 21. *Wochenblatt* meldet.[159]

Bei einem drei Jahre späteren Besuch steht es schon anders um Lene. Der Dichter schreibt in einem vom 1.–5.8.1863 verfassten Brief an seine Frau[160]: *Heut Nachmittag fahren wir zu Stuhrs; Tante Lene soll geistig ja sehr abnehmen, sie hat neulich darüber geweint bei Vater.* Unter der beginnenden Demenz leidet sie so, dass sie sogar dem sonst eher distanzierten Schwager ihre Not mitteilt. Der alte Storm wird verständnisvoll reagiert haben. Ihm und seiner Frau Lucie war einen Monat zuvor die letzte der drei Töchter, Cäcilie, gestorben, nachdem sie jahrelang mit einer Zwangs- und Wahnerkrankung im Schleswiger „Irrenhaus" gelebt hatte.

In dem oben genannten Brief schildert Theodor Storm aber auch einen bei schönstem Wetter im Garten der Stuhrs am Treenefluss verbrachten Tag, der mit dem Kaffee im Lusthaus beginnt.

Abb. 26: Frau Rektor Feddersen [Vorname nicht bekannt], *Der Stuhrsche Garten, um 1880. Die beiden Figuren sind Telsche Stuhr, geb. Hansen, und Tochter Magdalena, Lenes Enkelin.*

Mutter Storm und Tine Jensen, ihre Gesellschafterin, sind dabei, Constanzes Schwestern Sophie und Lotte, letztere mit ihrem Mann, Storms Bruder Aemil, Arzt in Husum. *Fritz sieht aus, als wenn er die hundert erreichen müßte*, schreibt Storm seiner Frau, *Tante Lene ist recht alt geworden; sie war aber sichtlich erfreut über unsern Besuch und suchte es uns so behaglich als möglich zu machen.* Abends genießt man das Zusammensein im Hause weiter. *Fritz tischte feinen Rothwein auf und hatte außerdem noch kalten Punsch gemacht.* Man sieht, dass der Sohn seiner Mutter inzwischen einige häusliche Pflichten abnimmt und dass beide sich wohl fühlen im Kreise der Großfamilie, die für Lene alles Leid in ihrem Leben immer erträglich gemacht hat.

Aber dieses Leben (Lene war nun 72) geriet kurz darauf noch einmal in die Turbulenzen der Politik. Der neue König Christian IX. von Dänemark ließ sich von den Nationalisten im Reichstag und der Stimmung im dänischen Volk im November 1863 dazu verleiten, eine Verfassung zu unterschreiben, die die Herzogtümer endgültig trennte und Schleswig ohne seine bisherigen Sonderrechte einfach annektierte. Der König und seine Berater hatten übersehen, dass in Preußen inzwischen mit dem Ministerpräsidenten Otto von Bismarck ein hochbefähigter und machthungriger Politiker die Fäden zog. Er stellte den Dänen ein Ultimatum, die neue Verfassung zurückzuziehen, was sie verweigerten. Diese Reaktion war von Bismarck einkalkuliert worden. Er ließ daraufhin in diesem besonders eisigen Winter am 1.2.1864 Zehntausende von preußischen und verbündeten österreichischen Soldaten die Eider überqueren.
Mutter Lucie Storm berichtete nach Heiligenstadt: *Welch eine entsetzliche Kälte; die Soldaten fürchten nicht mehr, todtgeschossen zu werden, wol aber zu erfrieren. Bei 50 und mehr liegen sie in den Scheunen im Stroh; ebenso geht es den Deutschen. Es ist doch grausam im Winter Krieg zu führen; dabei werden die Herzogthümer von all dem Kriegsvolk aufgefressen.*[161] Für die Bewohner Friedrichstadts war der Gedanke an eine erneute Zerstörung ihrer wiederauferstandenen Stadt durch die sich von Süden her nähernden Truppen ein wahrer Horror. Viele flohen in Nachbarorte. Denn es lag immer noch eine dänische Artillerie-Truppe im Ort, die wie im Schreckensjahr1850 Widerstand hätte leisten können.
Fritz Stuhr war es gelungen, Mutter Lene trotz der winterlichen Reiseverhältnisse zu den Verwandten ins holsteinische Segeberg in Sicherheit zu bringen. Von dort schrieb Ernst Esmarch seinen Kindern im Exil: *Tante Lene ist elend, daß Gedächtniß ist beinahe ganz geschwunden.*[162] Zum Glück zogen die Dänen friedlich ab in Richtung Osten, wo sich die entscheidenden Kämpfe nun bei Schleswig um den alten Festungswall „Danewerk" herum und weiter nördlich bei Oeversee abspielten. *Die Freude über die glückliche Abwendung der Gefahr von unserer Stadt gab sich bald nach dem Abzuge der dänischen Besatzung, der übrigens das Zeugniß eines durchweg guten Betragens nicht versagt werden darf, in lautem Jubel kund*, las man am 9. Februar 1864 im *Wochenblatt*.
Nachdem die dänische Armee entgegen jeder Erwartung mit fliegenden Fahnen das „Danewerk" verloren gegeben und Kanonen, Munition, Versorgungsgüter zurückgelassen hatte, kam es Mitte April zur entscheidenden Schlacht. Es ging um die als uneinnehmbar geltenden „Düppeler Schanzen" an der nördlichen Flensburger Außenförde. Bei dem erbitterten Kampf kamen Tausende junger Männer ums Leben, die meisten auf dänischer Seite. Sie hatten der zahlen- und materialmäßig drückenden Überlegenheit der Feinde kaum etwas entgegenzusetzen. Damit war der zweite schleswig-holsteinische Krieg de facto entschieden. Der starke Mann in Berlin zwang den dänischen Monarchen, auf die umstrittenen Herzogtümer ganz zu verzichten.

Aber die Hoffnungen vieler Bewohner auf Eigenständigkeit und Demokratisierung, wie sie von Fritz Stuhr, Theodor Storm, Ernst Esmarch vertreten wurden, zerschlugen sich schnell. Nach dem Sieg über die nun lästigen Österreicher in Königgrätz 1866 gingen die Provinzen zwangsweise mit anderen Kleinstaaten im von Preußen unter Bismarck gebildeten „Norddeutschen Bund" auf.

Lene kann von alledem nichts mehr auffassen, obwohl die stetig expandierende Firma immer noch den Name *N. J. Stuhr's Wwe* trägt. Ihr Sohn ist von morgens bis abends beschäftigt. Seit einiger Zeit hat er eine Pflegerin ins Haus nehmen müssen, die die Kranke aufopfernd betreut und den Haushalt führt. Es ist die Tochter Christine Marie des Schulrektors Hansen aus St. Annen, auf der Dithmarscher Seite der Eider. Diese junge Frau wird hin und wieder durch ärztliche Besuche von Lenes Neffen Dr. Aemil Storm, Theodors jüngstem Bruder, bei ihrer schweren Aufgabe unterstützt.

Abb. 27: Fritz Stuhr und Frau Christine, 1865

Jedoch verschlechtert sich Lenes Zustand zunehmend; eine häusliche Pflege ist nicht mehr möglich. Ihr Sohn muss sie in der psychiatrischen Privatklinik von Dr. Witte in Schleswig unterbringen, der genaue Zeitpunkt ist nicht bekannt. Dass die geliebte Nichte Constanze Storm nach ihrer zwölften Schwangerschaft und der Geburt des siebten Kindes Gertrud im Mai 1865 40-jährig am Wochenbettfieber stirbt, begreift Lene nicht mehr. Doch sicher wird sie auch in ihrer geistigen Umnachtung gespürt haben, dass ihr Fritz nicht bei ihr ist.

Dieser hat endlich mit 51 Jahren einen Schritt getan, zu dem er wohl unter dem übermächtigen Einfluss der Mutter und ihrer erdrückenden Liebe nie imstande gewesen ist: Er verlobt sich mit Christine Hansen (29 Jahre alt) und heiratet sie am 23.9.1865 in deren Elternhaus in St. Annen in einer stillen „Hauscopulation". Sein Onkel Ernst Esmarch, – der Fritz selber gern als Ehemann für eine seiner Töchter gehabt hätte –, schreibt in seinem

Glückwunsch vom 4. September: *Wie würde Deine gute Mutter sich freuen, wenn sie imstande wäre, Dein Glück klar aufzufassen!*

Bald darauf endet das Leben von Magdalena Stuhr geb. Woldsen nach 74 Jahren. Der Sohn kann am Sterbebett nicht ihre Hand halten, wie Storm es in der Nacht ihres Todes in tiefer Verzweiflung bei Constanze tat. Lene stirbt am 21.11.1865 so einsam, wie sie viele Jahre an der Seite des Ehemannes verbracht hat. [...], *wenn Du nur hier bist oder ich bey Dir, getrennt von Dir zu leben und zu sterben ist schrecklich,* hatte sie in der Cholerazeit an den jungen Fritz in Altona geschrieben. Dieses Schicksal ist ihr am Ende nicht erspart geblieben. Wegen ihres zuletzt traurigen Zustandes fasst die Familie diesen Tod als Erlösung auf. Storm schreibt Lenes Schwester Elsabe, seiner Schwiegermutter, am nächsten Tag:
Es ist wohl eigentlich etwas Glückliches, was ich Dir mitzutheilen habe, und doch hat es mich tief erschüttert, weil die Familiengruft sich wieder öffnet, die – Du weißt es ja – mein Liebstes und mein ganzes Glück verschließt. Du erräthst nun wohl schon, daß es unsre alte Tante Lene ist, welche jetzt hinabgesenkt werden soll. Fritz hat an Vater gestern Nachmittag durch ein Billet vom Bahnhof aus mitgetheilt, Dr. Witte habe ihn per Telegramm benachrichtigt, seine Mutter sei unerwartet lebensgefährlich erkrankt; deshalb seien er und seine Frau auf der Reise nach Schleswig. Um 8 Uhr hat Vater von Stuhr aus Schleswig p. Telegramm die Nachricht erhalten, sie sei um $1^1/_2$ U. Nachmittags ruhig eingeschlafen; Fritz hat sie also nicht mehr lebend angetroffen. Wir erwarten ihn nun heute oder morgen wegen des Begräbnisses.[163]
So findet also Lene ihre letzte Ruhestätte dicht neben ihrem Mann, der ihr im Leben innerlich oft so fern war, dazu neben ihren 1812 totgeborenen und 1816 mit anderthalb Jahren verstorbenen kleinen Töchtern und inmitten ihrer Herkunftsfamilie Woldsen mit Großeltern, Eltern, Nichten, zu denen nun auch Constanze gehört. Das Leben des Dichters selber endete am 4.7.1888 in Hademarschen. Er wurde am 7. Juli in der Husumer Woldsen-Gruft beigesetzt. Seine zweite Frau Dorothea, „Do", geb. Jensen starb 1910 in Dessau und ruht seit ihrer Überführung ebenfalls in dieser Grabstätte.

Nachklang

Fritz Stuhr hat in Friedrichstadt eine Begräbnisstätte für sich und seine eigene Familie errichten lassen, die später (1913) mit einer anmutigen, weiblichen Jugendstilfigur und zugehöriger Kinderskulptur des Düsseldorfer Bildhauers Gregor von Bochmann geschmückt wurde. Dieser war ein Schwiegersohn des angesehenen nordfriesischen Malers Hans Peter Feddersen des Jüngeren.
Feddersen selber malte die zweite Frau von Fritz, Telsche geb. Hansen, 1907 als alte Frau in hochgeschlossener schwarzer Witwentracht. Neben deren rechter Schulter blickt uns von der dahinterliegenden Wand das Kieler Pastellbildnis der Lene Woldsen in ihrem weißen, weit ausgeschnittenen Empirekleid über Blütenzweige hinweg an, ein Kontrast von Jugend und Alter, von Hell und Dunkel, von Beginn und Ende.[164]

Abb. 28: Hans Peter Feddersen d. J., Telsche Stuhr, geb. Hansen, 1907

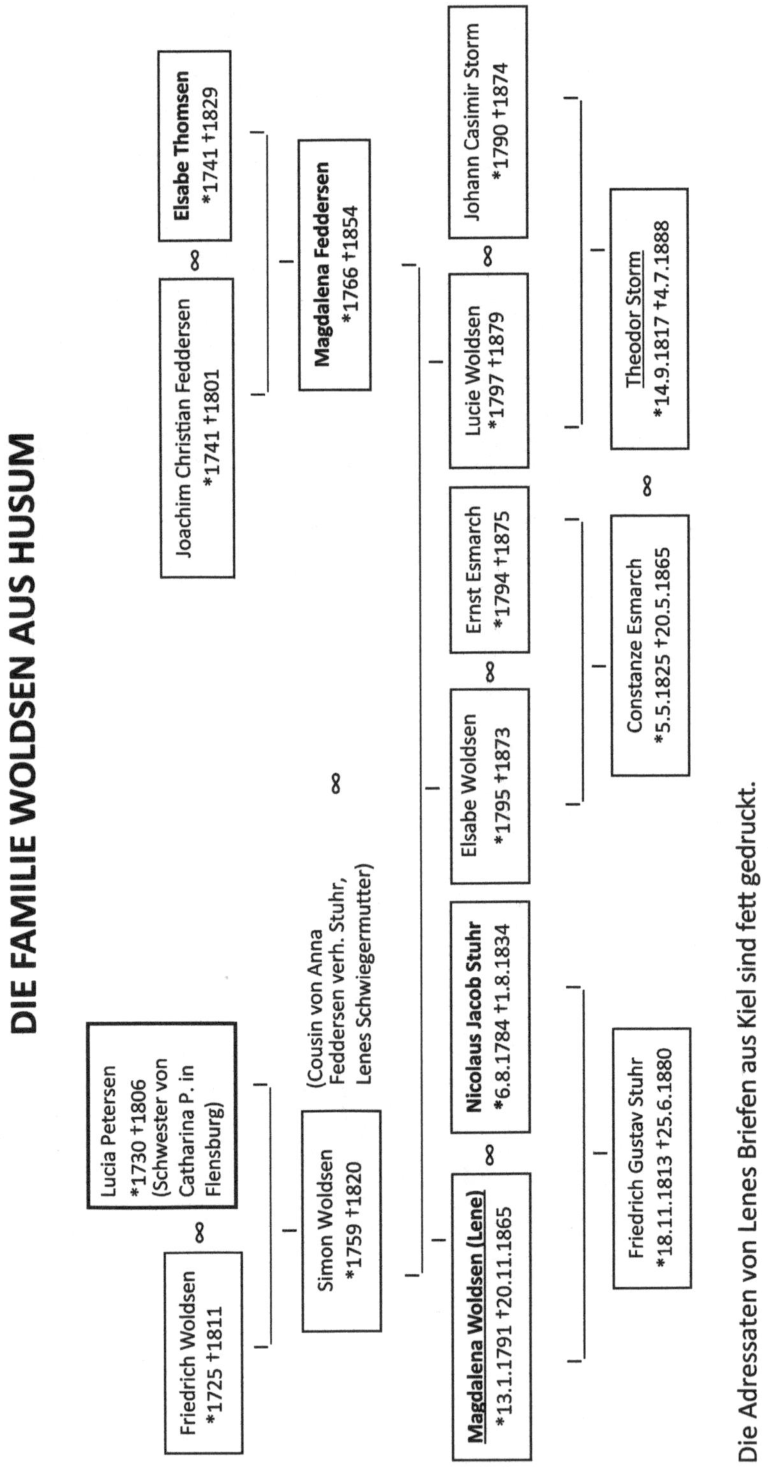

DIE FAMILIE WOLDSEN AUS HUSUM

Friedrich Woldsen
*1725 †1811

∞

Lucia Petersen
*1730 †1806
(Schwester von Catharina P. in Flensburg)

Joachim Christian Feddersen
*1741 †1801

∞

Elsabe Thomsen
*1741 †1829

Simon Woldsen
*1759 †1820
(Cousin von Anna Feddersen verh. Stuhr, Lenes Schwiegermutter)

∞

Magdalena Feddersen
*1766 †1854

Magdalena Woldsen (Lene)
*13.1.1791 †20.11.1865

∞

Nicolaus Jacob Stuhr
*6.8.1784 †1.8.1834

Elsabe Woldsen
*1795 †1873

∞

Ernst Esmarch
*1794 †1875

Lucie Woldsen
*1797 †1879

∞

Johann Casimir Storm
*1790 †1874

Friedrich Gustav Stuhr
*18.11.1813 †25.6.1880

Constanze Esmarch
*5.5.1825 †20.5.1865

∞

Theodor Storm
*14.9.1817 †4.7.1888

Die Adressaten von Lenes Briefen aus Kiel sind fett gedruckt.

Abb. 29 und 30: Stammbäume der Familien Woldsen und Stuhr

DIE FAMILIE STUHR AUS FLENSBURG

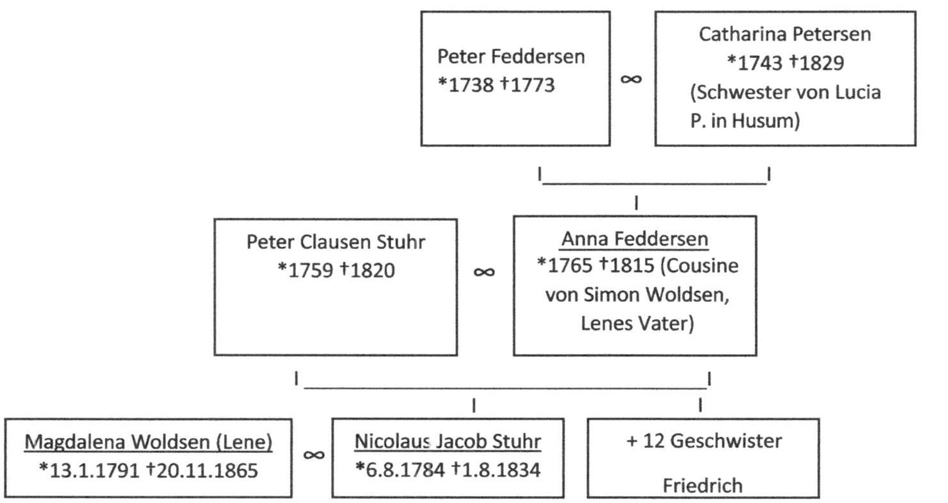

Fußnotenverzeichnis

1 Kähler-Timm: Theodor Storm – Dichter aus Husum, Fritz Stuhr – Unternehmer aus Friedrichstadt, Vettern und Freunde. Friedrichstadt 2017 (Sonderveröffentlichung MGFS 93).

2 Trömel: Zur Baugeschichte von Storms Elternhaus. In: STSG 27,1978, S. 37–39 und 4 S. Abb. (unnummeriert). Trömel erwähnt die qualitätvollen Stuckaturen aus dem späten Rokoko. Er vermutet, dass diese aus dem engsten Umkreis des vor allem in Emkendorf und Knoop, aber auch an der Bundsen-Kapelle des Alten Friedhofs in Flensburg tätigen Francesco Antonio Tadey stammen. Friedrich Woldsen hatte viele Handels- und Verwandtschaftsbeziehungen dorthin; seine Frau Lucia Petersen war Flensburgerin. Hierzu verweist Trömel auf die Dissertation von Irmgard Schlepps, Kiel 1945. Das Haus enthält heute Büros und ist für die Öffentlichkeit nicht zugänglich.

3 Brief an Aemil Storm, 13.5.1858, zitiert nach Missfeldt (2013), S. 33.

4 Die Originallisten der dänischen Volkszählung von 1803 befinden sich im LASH.

5 Schumacher, G. F., S. 277.

6 LL 2, S. 102–130.

7 LL 4, S. 418.

8 Brief im Privatbesitz.

9 LL 4, S. 418.

10 LL 1, S. 288–294; S. 349–362.

11 Storm - Esmarch, Brief 17, S. 31.

12 Das Gedicht ist abgedruckt bei Boswell (STSG 30,1981), S. 40–41.

13 Zusätze Lenes in den Briefen ihres Mannes an den Sohn Fritz, 25.12.1831 und 12.12.1830. Akte Stuhr, StAF.

14 LL 4, S. 418.

15 „Frauenritornelle", LL1, S. 90 f., Str. 3.

16 Storm, G. (1922), S. 14.

17 Himmelheber (2019), S. 82.

18 Storm, G. (1922), S. 15.

19 Siehe hierzu Stuhr, Thora: Chronik der Familie Stuhr (1936). Diese enthält viele wertvolle, fast immer stichhaltige Informationen.

20 Schiffahrt und Häfen, S. 35.

21 Ausgiebige Beschreibungen des Parks bei Messerschmidt (1994) u. Messerschmidt; Schwensen (2013).

22 Eckersberg erwähnt in einem Brief vom 24.4.1803, gerichtet an Flensburger Honoratioren mit der Bitte um Geld für das Studium in Kopenhagen, dankbar Peter Clausen Stuhr und einen anderen Kaufherrn für deren Aufmunterung und Lob; zitiert bei Hannover (1898), S. 8. Von zwölf Gebern kamen daraufhin ausreichende 51 Reichstaler zusammen.

23 Briefe der Mutter vom 8.12.1800 und der Großmutter vom 18.3.1802 über das Kontor Portman & Hullmann in London, Privatbesitz.

24 Brief an Thorvaldsen von N. J. Stuhr vom 18.3.1806. Zum Stand der wiss. Diskussion über das Verbleiben der Skulptur und zum dort aufbewahrten Brief selber: Thorvaldsen Arkivet Kopenhagen. Das Modell zur Psyche befindet sich im Thorvaldsen Museum Kopenhagen, eine weitere Ausführung in Marmor im Alten Museum Berlin.

25 Vgl. die Entwicklung Flensburgs um 1800 in: Flensburg, Geschichte einer Grenzstadt (1966).

26 Zu Holst und Harries s. Henningsen (2012), S. 219–234.

27 Krause; Lenning (2010), S. 167 ff.

28 Humorige Äußerung von Franziska von Reventlow in: Kat. Ausstellung Lübeck (2010), S. 42.

29 Eine genaue Gesamtdarstellung der sehr komplizierten historischen Entwicklung der Herzogtümer bei Lange (2003).

30 Ausführliche Untersuchung der Zeit ab 1773 bei Wolf-Timm (2005).

31 Vgl. dazu Griep (2020) und die Anm. 86 zu Brief 16.

32 Einwohnerbuch der Stadt Kiel 1803, Quartier IV, Nr. 4143. Hier in der Schreibweise: Schumacherstr.

33 Siewert (1953).

34 LL 1, S. 529-593.

35 Kosmala (2009) macht darauf aufmerksam, dass der Adel sich nach englischem Vorbild mit Teestunden in eigens erbauten Teehäuschen von der breiten Bürgerschicht abzusetzen suchte, die inzwischen den Kaffeegenuss für sich entdeckt hatte.

36 Speziesreichstaler, seit 1787 im Gesamtstaat eingeführt, mit einem Wert von 7½ Mark dän. Kurant. Lorenzen-Schmidt, Brief an Jensen (1957).

37 Kosmala (2010), S. 66.

38 Besonders zu nennen ist das Bildnis der jungen Brünetten, 1790 von Jens Juel (1745–1802) gemalt, der die Königin auch später porträtierte. (Abb. im Internet, aufgerufen am 17.4.23).

39 Eine ähnliche Szene ist um 1813 bei einem Spaziergang der Königsfamilie durch die Gärten von Schloss Frederiksberg von Johannes Senn festgehalten worden; hier ist der König mit von der Partie. (Abb. im Internet., aufgerufen am 18.4.23).

40 Eckardt (1899), S. 379.

41 Zitiert in: Zeitschr. d. Ges. f. S.-H. Geschichte (1981), S. 148 f..

42 LL 4, S. 495.

43 Bei Kraft (2021), S. 32 f., fehlt diese Randbemerkung, die aber den Meinungsumschwung des Dichters gegenüber den Mitstudenten zeigt.

44 Einwohnerbuch (1803): Anna Dorothea Hahn, Dänische Str. 26. Hier sind auch einige andere der brieflich erwähnten Namen vermerkt; allerdings nicht alle, da Lene erst 1808 nach Kiel kommt.

45 Zitiert nach Missfeldt (2013), S. 368.

46 Einwohnerbuch von Kiel (1803).

47 Eckardt, S. 526.

48 Schillinge Schleswig-Holsteinisch Courant. Näheres s. Lorenzen-Schmidt (1957).

49 Gemeint ist: nach einer bevorstehenden Geburt ins Wochenbett.

50 Himmelheber (2019), S. 81 ff.

51 Himmelheber (2019), S. 82.

52 Vgl. dazu und zur Mode der Zeit: Krause; Lenning (2010), S. 173.

53 Seine Ernennungsurkunde zum Professor fand sich in den Familienpapieren und wurde dem Archiv der früheren Friedrich-Wilhelms-Universität übergeben.

54 Freundliche Auskunft der Musikwissenschaftlerin Ute Schalz, einer Ururenkelin Lenes.

55 Näheres insgesamt bei Geckeler (2010) u. Kaufmann (1975), S. 90/91.

56 Eckardt, S. 145 u. S. 153.

57 Hertling (1989), S. 83–97.

58 Ebd., S. 94.

59 LL 1, S. 23. Str. 2.

60 Die Heiratsanzeige Homann/Woldsen sowie zwei Briefrudimente der Frau Christiane Homann befinden sich bei den Familienpapieren im Privatbesitz, alles in Kopie.

61 Vgl. dessen Erwähnung im vorhergehenden Brief.

62 Storm, G. (1912), S. 107 ff.

63 Kaufmann (1975), S. 107 f.

64 Schumacher, G. F. (1841), S. 272 ff.

65 Zwei Briefe der sehr jungen Lene von einem Aufenthalt in Oldenswort befinden sich im Privatbesitz.

66 Kaufmann (1975), S. 102.

67 Zelle (2010), S. 694–695.

68 Die in Kiel im Vorjahr geborene Wilhelmine Marie (1808–1891), nach der die „Wilhelminenhöhe" benannt ist.

69 Im Landesteil Schleswig wurde außer Hoch- und Plattdeutsch viel Hoch- oder Plattdänisch gesprochen. Die Examina an der Universität Kiel schlossen, wie auch im Falle Theodor Storms, mit einer Dänischprüfung ab.

70 Über Heinrich Zschokke Näheres in: Allgemeine Deutsche Biographie 45, S. 449–465.

71 Auch in Schleswig, der Husum benachbarten Residenzstadt, gab es bedeutende Märkte wie den „Peermarkt" [Pferdemarkt], der heute noch in veränderter Form gefeiert wird.

72 Einwohnerbuch von Kiel (1803).

73 Hier im Sinne von „drängt".

74 Woolf (dt. 2020), S. 59.

75 Palatschek (1994), S. 159–185.

76 Damit ist das Wohnen bei Anna Stuhr in deren Landhaus im Park bei der Mühle gemeint.

77 https:// www. epochs-of-fashion.com. Aufgerufen am 8.12.2022.

78 Vgl. Kommentar zu Brief 1.

79 Vigenau-Wilberg (1971), S. 19 ff.

80 S. auch Martius (1978), S. 77 ff. u. Wolf-Timm (2009), S. 133 ff.

81 Auf der Rückseite beider Porträts in moderner Schrift: Eckersberg. Wahrscheinlich ist dieser Irrtum entstanden durch die in der Familie bekannte Tatsache, dass der Flensburger Kaufherr Peter Clausen Stuhr Eckersberg bei dessen Ausbildung finanziell gefördert hat, s. a. Fußnote 22.

82 Ausführlich zu Kotzebue: Meyer (2005).

83 Ein besonders schönes Exemplar ist: Briefsteller für Liebende beiderley Geschlechtes. Nebst einer kleinen Orthographie für Frauenzimmer. Leipzig 1800: http://resolver.sub.uni-goettingen.de/purl?

84 Weber-Kellermann (1983), S. 229.

85 Theodor Storm - Constanze Esmarch. Brief von Constanze vom 23.8.1846.

86 Zu den schwierigen Postverhältnissen insgesamt Griep (2020).

87 Vgl. www.entfernungsrechnerkm.com (Aufgerufen am 2.12.2022).

88 Vgl. Atlas zur Verkehrsgeschichte Schleswig-Holsteins im 19. Jahrhundert (1995).

89 Missfeldt (2013), S. 20.

90 LL 4, S. 432 f.

91 Dazu mehr bei Krause; Lenning (2010), S. 172 ff.

92 Dazu ergänzend Wolf-Timm (2009), S. 146 f.

93 Zur Postgeschichte der Herzogtümer allgemein: Sager (2002), S. 8.

94 Zitiert bei Eckardt, S. 299.

95 Griep (2020), S. 40 f.

96 Storm, G. (1912), S. 174.

97 Michelson (1987), S. 109-118.

98 Das St. Nikolaus-Fest wurde in Friedrichstadt auf holländische Art ausgiebig gefeiert; s. dazu Laman-Trip (1990), S. 105 f.

99 Norden (2016), S. 24-66.

100 Flensburg, Geschichte einer Grenzstadt. (1966), S. 239.

101 Missfeldt (2013), S. 59.

102 Auf der Internetseite der GSHG ist das Bild fälschlich als „Das brennende Friedrichstadt" gedeutet.

103 Norden (2016), S. 30 ff.

104 Schumacher, K. (2001), S. 133.

105 Brief von Luise Warnstedt aus Schleswig an Magdalena Woldsen in Husum. StG, Hs Br 39,8. LAB Kiel.

106 Der Brief ist mit „Julie" unterzeichnet und kommt aus Lietzenburg (Charlottenburg) bei Berlin. Er ist an alle drei Schwestern Woldsen gerichtet.

107 Hierzu insgesamt Esmarch (1887): Chronik, Süderstapel.

108 LL 1, S. 30, Str. 2 u. 6.

109 Himmelheber (2019), S. 88.

110 Akte Stuhr, LASH.

111 Michelson (1990), S. 33-36.

112 Akte Stuhr, Gesuch vom 27.09.1816, LASH.

113 Akte Stuhr, Schreiben an den Landgrafen von Hessen, 12. Mai 1817, LASH.

114 s. Brief 11 vom 7.4.1809.

115 Das innige, vertrauensvolle Verhältnis der beiden zueinander ist thematischer Schwerpunkt bei Kähler-Timm (2017). Manche Punkte, besonders die familiären und historischen Verhältnisse, werden in dieser und in der jetzigen Untersuchung teilweise ähnlich behandelt, da sich die Themenkreise naturgemäß überschneiden. Doch liegt im vorliegenden Text der Fokus auf Lene, ihrem Leben und ihrer - weiblichen - Sicht auf die bewegten Ereignisse ihrer Zeit.

116 LL 4, S. 190.

117 LL 1, S. 294.

118 LL 4, S. 417, Anm. 31.

119 Valentiner (1820), S. 215.

120 Valentiner (1820), S. 216.

121 Die Listen liegen Thora Stuhrs „Familienchronik" in loser Form bei.

122 Akte Stuhr, StAF.

123 2 Briefe von Esmarch an Stuhr von April und Mai 1821 mit dem Siegel der Kanzlei; Privatbesitz.

124 Norden, Jörn: 2016, S. 36.

125 Zur Auswanderung aus Schleswig-Holstein allgemein s. Stolz, Gerd: Neues Land – Neue Hoffnung. (Kleine Schleswig-Holstein-Bücher), Heide 2009.
126 Storm, Theodor, Briefe in die Heimat (an die Eltern). Hg. v. Storm, Gertrud, Berlin 1907.
127 Akte Stuhr, StAF.
128 Mit diesem Mitschüler, dessen Vater Pastor in Hattstedt war, wechselte Theodor Storm im Herbst 1835 von der Husumer Gelehrtenschule auf das renommierte Lübecker Katharineum.
129 Storm, Theodor – Esmarch, Constanze. Brief v. 11.8.–13.8.1846.
130 Esmarch, Ernst jun.: Familienchronik 1887, S. 76.
131 Zu diesem s. Anm. 2.
132 Zu Carl Chr. Tadey ausführlich Michelson (1996), S. 8–79.
133 Wikipedia: Friedrichstadt, Wirtschaftszweige (Stand 22.09.2022).
134 Akte Stuhr, LAS.
135 Hoffmann, Gabriele (2000), S. 42.
136 Ein Brief Lucies aus dieser Zeit vom 31.1.1813 an ihre Mutter ist im Privatbesitz erhalten.
137 von Droste-Hülshoff, A., Werke (1984), S. 109, Str. 4.
138 Schumacher, K. (2001), S. 22.
139 Dazu Kähler-Timm (2017), S. 25, Anm. 23.
140 Das bestärkt die Vermutung, dass Theodors Schreiben, obwohl auf dem Umschlag mit 1833 datiert, von 1832 stammt, wie es auf dem Briefbogen steht.
141 Königlich privilegirter Ditmarser und Eiderstedter Bote. Donnerstag, den 7ten August 1834, StAF.
142 Altonaischer Mercurius, Donnerstag, den 7. August, StAF.
143 „Ditmarser und Eiderstedter Bote", Nr. 18, 30.4.1835.
144 Darin die Werke: „Späte Rosen", „Veronica", „Drüben am Markt".
145 Akte Stuhr, StA.
146 LAS, Abt. 412.
147 LL 1, S. 20.
148 Vgl. z. B. Lange (Hg.): Geschichte Schleswig-Holsteins, 2003. Stolz: Die schleswig-holsteinische Erhebung. 1996.
149 Busch: Kritik des Herzens <Gedicht>, (1874).
150 Hierzu die detaillierte Schilderung von Michelson, Karl: Der Kampf um Friedrichstadt. Hg. von Gerd Stolz, Husum 2000.
151 Goß, Richard, zitiert nach Stolz (2000), S. 71.
152 An Laura Setzer, die Braut seines Freundes Brinkmann. Storm – Brinkmann: Briefwechsel, Brief 23.
153 „Bote", Jg. 1850/51, StAF.
154 Storm – Esmarch: Briefwechsel, Brief 19, S. 149.
155 „Im Herbste", LL 1, S. 36-37.
156 Storm – Brinkmann: Briefwechsel, Brief 24.
157 Storm – Esmarch, Briefwechsel, Brief 22.
158 S. Anm. 144. Die Widmung lautet „Meinem Vetter und Freunde Fritz Stuhr zugeeignet."
159 Der frühere „Bote" hieß nun unter demselben Redakteur Bade „Eiderstedter und Stapelholmer Wochenblatt".
160 Theodor Storm – Constanze Storm 2, Ehe-Briefwechsel, Brief 81, S. 251–255.
161 Zitiert nach Missfeldt, 2013, S. 256.
162 Storm – Esmarch, Briefwechsel, Brief 55, S. 95.
163 Storm – Emarch, Briefwechsel, Brief 65, S. 107.
164 Das Bild befindet sich im Privatbesitz der Nachkommen von Lene. Abgedruckt im Gemäldeverzeichnis bei Martius; Stubbe (1966), Tafel 710, S. 154 (Telsche Stuhr).

Quellen- und Literaturverzeichnis

Abkürzungen

GKSt = Gesellschaft für Kieler Stadtgeschichte
LASH = Landesarchiv Schleswig-Holstein
LL = Theodor Storm. Sämtliche Werke in vier Bänden, hg. v. Karl Ernst Laage u. Dieter Lohmeier, Darmstadt 1998
MGFS = Mitteilungsblatt der Gesellschaft für Friedrichstädter Stadtgeschichte
SHLB = Schleswig-Holsteinische Landesbibliothek
StAF = Stadtarchiv Friedrichstadt
StAK = Stadtarchiv Kiel
StA = Archiv der Theodor-Storm-Gesellschaft Husum
STSG = Schriften der Theodor-Storm-Gesellschaft

Allgemeine Deutsche Biographie (ADB), 45, Leipzig 1900

Altonaischer Mercurius, Altona 1834 [erschien seit Mitte d. 18. Jhs. wöchentlich viermal]

Atlas zur Verkehrsgeschichte Schleswig-Holsteins im 19. Jahrhundert, hrsg. u. bearb. v. Walter Asmus u. a., Neumünster 1995 (Studien zur Wirtschafts- und Sozialgeschichte Schleswig-Holsteins 25)

Boswell, Patricia: Theodor Storm: „Zur Taufe". Ein Beitrag zur Entstehung des Gedichts, in: STSG 30, Heide 1981, S. 39–48. Die Originalhandschrift des Gedichts von Tycho Mommsen befindet sich in der SHLB.

Brandt, Otto: Geschichte Schleswig-Holsteins. Ein Grundriss. 6. Aufl., überarb. v. Wilhelm Klüver mit Beiträgen v. Herbert Jankuhn, Kiel 1966

Briefsteller für Liebende beiderley Geschlechtes. Nebst einer kleinen Orthographie für Frauenzimmer, Leipzig 1800. http://resolver.sub.uni-goettingen.de/parl? (Aufgerufen am 25.11.2022)

Detjen, Werner: Theodor Storm und die Familie Scherff, in: Gedenkbuch zu Storms hundertstem Geburtstage, Braunschweig 1916, S. 202–215

Droste-Hülshoff, Annette von: Werke in einem Band, hrsg. v. Clemens Heselhaus. München, Wien 1984

Duska, Sonja: Modegeschichten: Die Damenwelt des 19. Jahrhunderts, Heidelberg 2019

Eckardt, Johann Heinrich: Alt-Kiel in Wort und Bild. Nachdruck der Ausgabe Kiel 1899, hrsg. v. Jürgen Jensen, Neumünster 1975 (Mitteilungen GKSt, 62)

Einwohnerbuch der Stadt Kiel 1803. StAK

Esmarch, Ernst d. J.: Chronik der Familie Esmarch. Im Selbstverlag, Süderstapel 1887

Flensburg, Geschichte einer Grenzstadt. Hrsg. von der Gesellschaft f. Flensburger Stadtgeschichte, 17, Flensburg 1966

Geckeler, Christa: Kieler Erinnerungstage; 2. November 1800, Gründung der Gesellschaft Harmonie – Treffpunkt der Gebildeten und Wohlhabenden. Kiel 2010. Quelle: https://www.kiel.de/de/bildung_wissenschaft/stadtarchiv/erinnerungstage.php?id=119 (Aufgerufen am 21.8.2023)

Griep, Wolfgang: Allzeit Rad- und Rippenbruch auf mörderischen Wegen. Durch Schleswig-Holstein zur Kutschenzeit, Eutin 2020 (Eutiner Vorträge zur historischen Reisekultur, 1)

Hannover, Emil: Maleren C. W. Eckersberg, en studie i dansk kunsthistorie, Köbenhavn 1898

Henningsen, Lars: Heinrich Harries. Ein Flensburger Dichter der Aufklärungszeit, Flensburg 2012 (Sonderveröffentlichung d. Zeitschrift f. deutsch-dänischen Dialog, 59. Jg., H. 4)

Hertling, Gunter: Theodor Storms Novelle „Auf der Universität". Zur Funktion und Bedeutung von „Tanz" und „Contretanz", Heide 1989, in: STSG 38, S. 83–97

Himmelheber, Irmtraud Jo: Leben im Biedermeier, Würzburg 2019

Hoffmann, Friedrich: Alt-Kieler Studentenleben um und nach 1800, Kiel 1956 (Mitteilungen GKSt Band 48, H. 4)

Hoffmann, Gabriele: Das Haus an der Elbchaussee, München 2000

Kähler-Timm, Hilde: Theodor Storm – Dichter aus Husum; Fritz Stuhr – Unternehmer aus Friedrichstadt, Vettern und Freunde, Friedrichstadt 2017 (Sonderveröffentlichung MGFS, 93)

Katalog Ausstellung Lübeck (2010) = „Alles möchte ich immer." Franziska Gräfin von Reventlow 1871-1918, Buddenbrookhaus Lübeck 12.9.2010 (danach in Kiel, SHLB; Husum, Schloss vor Husum; Berlin, Vertretung des Landes Schleswig-Holstein beim Bund; München, Literaturhaus), Göttingen 2010

Kaufmann, Gerhard: Das alte Kiel. Von der Gründung der Stadt bis an die Schwelle der Gegenwart, 2. Aufl., Hamburg 1975
Königlich privilegirter Ditmarser und Eiderstedter Bote, vorher unter dem Namen: Ditmarser und Eiderstedter Bote [erschien seit 1799 als Zeitung für Friedrichstadt], gedr. bei Bade/Fischer
Kosmala, Nicole: Axel Bundsens klassizistischer Tempel im Düsternbrooker Marienhain. Bedeutung und Funktionswandel einer Kieler Gartenarchitektur im 19. und 20. Jahrhundert, Kiel 2010 (Mitteilungen GKSt, 85, Nr. 2)
Kraft, Herbert: Theodor Storm. Leben und Schreiben eines Aufklärers, Würzburg 2021
Krause, Gisela u. Lenning, Gertrud: Kleine Kostümkunde. 14., erw. Aufl., Berlin 2010
Laman-Trip, Elske: Herkunft des „St. Niklaus-Drehens" in Friedrichstadt, in: MGFS 39 (1990), S. 105f.
Lange, Ulrich (Hg.): Geschichte Schleswig-Holsteins. Von den Anfängen bis zur Gegenwart, Neumünster 2003
Lorenzen-Schmidt, Klaus-Joachim: Kleines Lexikon alter schleswig-holsteinischer Gewichte, Maße und Währungseinheiten. Hrsg. v. Arbeitskreis f. Wirtschafts- u. Sozialgeschichte Schleswig-Holsteins, Neumünster 1990
Martius, Lilli; Ethe und Hans-Jürgen Stubbe (Hg.): Der Maler Hans Peter Feddersen – Leben, Briefe, Gemäldeverzeichnis, Neumünster 1966 (Studien z. schleswig-holsteinischen Kunstgeschichte, 10)
Martius, Lilli: Die schleswig-holsteinische Malerei im 19. Jahrhundert, Neumünster 1978 (Studien z. schleswig-holsteinischen Kunstgeschichte, 6)
Messerschmidt, Thomas: Die Parkanlagen der Kaufleute Stuhr und Christiansen in Flensburg; ein Beitrag zur bürgerlichen Gartenkultur im frühen 19. Jahrhundert. Magisterarbeit, Kiel 1994
Messerschmidt, Thomas; Schwensen, Broder (Hg.): „Ein schöner Garten Gottes". 200 Jahre Alter Friedhof in Flensburg, Flensburg 2013
Meyer, Jörg F.: Verehrt. Verdammt. Vergessen. August von Kotzebue – Werk und Wirkung, Frankfurt a. M. 2005
Michelson, Karl: Friedrichstädter Einwohner im Jahre 1850, ihre Leiden, ihre Kriegsschäden und die Wiedergutmachung, in: MGFS 25 (1984), S. 3–210
Michelson, Karl: Holländisch oder deutsch? Über den Umgang mit der holländischen Sprache, in: MGFS 33 (1987), S. 109–117
Michelson, Karl: Einige Schwierigkeiten mit Bürgermeistern und Ratsherren, in: MGFS 39 (1990), S. 19–69
Michelson, Karl: Carl Christian Tadey, Rektor und Pastor in Friedrichstadt 1817–1841, in: MGFS 52 (1996), S. 8–79
Michelson, Karl: 1810 – ein ganz normales Jahr in Friedrichstadt, in: MGFS 79 (2010), S. 184–207
Mildenberger, Hermann: Malerei des 19. Jahrhunderts im Schleswig-Holsteinischen Landesmuseum, Neumünster 1985 (Kunst in Schleswig-Holstein, 27)
Missfeldt, Jochen: Du graue Stadt am Meer. Der Dichter Theodor Storm in seinem Jahrhundert. Biographie, München 2013
Norden, Jörn: Die Familie Stuhr in Friedrichstadt, in: MGFS 90 (2016), S. 24–66
Norden, Jörn u. Thomsen, Christiane: Motiv Friedrichstadt, Friedrichstadt 2013 (Sonderveröffentlichung MGFS, 86)
Palatschek, Sylvia: Adelige und bürgerliche Frauen (1770–1870), in: Adel und Bürgertum in Deutschland 1770–1848, hrsg. v. Elisabeth Fernbach, München 1994, S. 159–185
Sager, Wilhelm: Postgeschichte Schleswig-Holsteins, Heide 2002 (Kleine Schleswig-Holstein-Bücher, 52)
Schütt, Hans-Friedrich (Redaktion): Schiffahrt und Häfen im Bereich der Industrie- und Handelskammer zu Flensburg, hrsg. v. d. Industrie- und Handelskammer zu Flensburg, Heide 1971
Schumacher, Georg Friedrich: Genrebilder aus dem Leben eines 70jährigen Schulmannes – ernsten und humoristischen Inhalts, Schleswig 1841
Schumacher, Klaus: Theodor Storms Grab auf St. Jürgen zu Husum, Husum 2001 (Schriften d. Gesellschaft f. Husumer Stadtgeschichte, 2)
Siewert, Hedwig: Sanssouci, die Düsternbrooker Waldwirtschaft in Theodor Storms Novelle „Auf der Universität". (Mitteilungen d. Gesellschaft f. Kieler Stadtgeschichte, H. 3, Jg. 1953)
Stolz, Gerd: Die schleswig-holsteinische Erhebung, Husum 1996
Stolz, Gerd (Hg.): Der Kampf um Friedrichstadt, Husum 2000 (Sonderveröffentlichung MGFS)
Stolz, Gerd: Neues Land – Neue Hoffnung, Heide 2009 (Kleine Schleswig-Holstein Bücher)
Storm, Gertrud: Vergilbte Blätter aus der grauen Stadt, Regensburg und Leipzig 1922
Storm, Gertrud: Mein Vater Theodor Storm, hrsg. v. Börries Freiherr von Münchhausen, Berlin 1922
Storm, Theodor: Sämtliche Werke in vier Bänden, hrsg. v. Karl-Ernst Laage u. Dieter Lohmeier, Darmstadt 1998
Storm, Theodor – Esmarch, Ernst: Briefwechsel, hrsg. v. Arthur Tilo Alt, Berlin 1979
Storm, Theodor – Brinkmann, Hartmuth und Laura: Briefwechsel, hrsg. v. August Stahl, Berlin 1986
Storm, Theodor – Esmarch, Constanze: Briefwechsel T. 1 u. 2. (1844–1846), hrsg. v. Regina Fasold, Berlin 2002

Storm, Theodor - Storm, Constanze: Briefwechsel (1851-1864), hrsg. v. Regina Fasold, Berlin 2009
Stuhr, Thora: Chronik der Familie Stuhr [Typoskript], Schleswig 1936
Valentiner, Georg: Chronik von Flensburg im Jahre 1820, Flensburg 1820
Vigneau-Wilberg, Peter: Der Maler Friedrich Carl Gröger, Neumünster 1971 (Studien z. schleswig-holsteinischen Kunstgeschichte, 11)
Weber-Kellermann, Ingeborg: Frauenleben im 19. Jahrhundert. Empire und Romantik, Biedermeier, Gründerzeit, München 1991
Wenners, Peter: Spaziergänge durch Alt-Kiel. Historischer Stadtführer auf den Spuren Theodor Storms, Heide 2018
Witt, Jann Markus: Seefahrtsgeschichte Schleswig-Holsteins in der Neuzeit, Heide 2012 (Schriftenreihe der Deutschen Maritimen Akademie - Bd. 2)
Wolf-Timm, Telse: Glanzlichter - Kunst des 18. und frühen 19. Jahrhunderts in schleswig-holsteinischem Adelsbesitz, in: Privatissimo, Katalog der Ausstellung in der Kunsthalle zu Kiel 21.06.-30.08.2009, S. 76-152. Über Friedrich Carl Gröger s. S. 145ff.
Wolf-Timm, Telse: Kunst und Künstler im alten Kiel 1773-1864. Ein kultureller Mittelpunkt im Norden. Zur Ausstellung im Kieler Stadtmuseum Warleberger Hof 13.11.2005-12.3.2006, Husum 2005 (Schriftenreihe des Kieler Stadt- u. Schifffahrtsmuseums, hrsg. v. Doris Tillmann)
Woolf, Virginia: Ein Zimmer für sich allein (dt.), München 2020
Zelle, Carsten: Christian Spieß in: Neue Deutsche Biographie (NDB), 24, Berlin 2010, S. 694-695

Bildnachweis

Landesbibliothek Eutin: **18**

Katharinen Hospiz Flensburg: **5** - Foto: G. Geick

Museumsberg Flensburg: Abb. **6**, **2** - Foto: Museumsberg Flensburg

Stadtarchiv Friedrichstadt: **19**, **20**, **22**, **23**, **26**, **27** - Fotos: Stadtarchiv

Nordfriesland Museum. Nissenhaus Husum: **2** - Foto: Sönke Ehlert

Storm-Archiv Husum: **3**, **4**, **14**, **15**, **24**, **25** - Fotos: Storm-Archiv

Gesellschaft für Kieler Stadtgeschichte: **10**

Schleswig-Holsteinische Landesbibliothek, Kiel: **8** - Foto: Günter Pump

Kieler Stadt- und Schifffahrtsmuseum: **9**, **13** - Fotos: Bernd Renard

The Royal Collection, Schloss Rosenborg, Kopenhagen: **11** - Foto: The Royal Collection

Le Musée du Louvre, Paris: **7** - Foto: wikipedia

Stiftung Schleswig-Holsteinische Landesmuseen Schloss Gottorf, Schleswig: **12** - Foto: Stiftung Landesmuseen

Privatbesitz: **128**

Inhaltsverzeichnis